全球数字贸易规则
与中国实践

张 锋 李 凯 著

中国商务出版社
CHINA COMMERCE AND TRADE PRESS

图书在版编目（CIP）数据

全球数字贸易规则与中国实践 / 张锋，李凯著 . --
北京：中国商务出版社，2021.9（2023.1重印）
ISBN 978-7-5103-4052-9

Ⅰ.①全… Ⅱ.①张…②李… Ⅲ.①国际贸易—电
子商务—研究 Ⅳ.① F740.4

中国版本图书馆 CIP 数据核字 (2021) 第 210274 号

全球数字贸易规则与中国实践
QUANQIU SHUZI MAOYI GUIZE YU ZHONGGUO SHIJIAN

张　锋　李　凯　著

出版发行：中国商务出版社

地　　址：北京市东城区安定门外大街东后巷 28 号　　邮　编：100710

网　　址：http://www.cctpress.com

电　　话：010-64212247（总编室）　　010-64515163（事业部）
　　　　　010-64208388（发行部）　　010-64515150（直　销）

印　　刷：三河市明华印务有限公司

开　　本：710 毫米 × 1000 毫米　1/16

印　　张：16.5

版　　次：2021 年 11 月第 1 版　　　印　　次：2023 年 1 月第 3 次印刷

字　　数：220 千字　　　　　　　　定　价：79.00 元

前　言

　　2021年10月18日，习近平总书记在中共中央政治局第三十四次集体学习时强调："数字经济发展速度之快、辐射范围之广、影响程度之深前所未有，正在成为重组全球要素资源、重塑全球经济结构、改变全球竞争格局的关键力量。"2020年突如其来的新冠肺炎疫情席卷全球，在对全球经济活动产生了巨大影响的同时也加速了数字经济的发展步伐。在前所未有的数字化进程中，数字贸易凭借其"数字化""虚拟化"和"非接触"的特征，不仅使得更多的交易主体参与国际贸易活动中，进一步打破了时空界限，紧密联接起了贸易活动的各个环节，成为当今全球贸易发展的重要驱动力，也因此成为世界各国关注的焦点。

　　2019年12月，中共中央、国务院发布《关于推进贸易高质量发展的指导意见》，其展现了我国加快推进数字贸易发展的决心。2020年9月4日，习近平总书记在中国国际服务贸易交易会全球服务贸易峰会上致辞中指出："我们要顺应数字化、网络化、智能化发展趋势，共同致力于消除'数字鸿沟'，助推服务贸易数字化进程"。2021年10月，商务部印发《"十四五"服务贸易发展规划》，首次将"数字贸易"列入服务贸易发展规划，明确了未来一个时期我国数字贸易发展的重点和路径。数字贸易代表着未来贸易的方向，我国作为全球经济的重要一环，在国际贸易环境发生巨大改变的背景下，如何牢牢把握数字贸易发展机会，争取成为数字贸易时代的引领者，事关未来国家发展大局。

　　成为规则和标准的制定者或者重要的主导方是我国未来引领数字贸易时代的关键和基础。目前世界各国都在积极开展对数字贸易规则与标准的研究，未来数字时代经贸规则和标准的建立，成为当前主要大国博弈和竞争的前沿。因此，我国也亟需抓住机遇，赢得主动，积极进行政产学研协同，共同发力开展对数字贸易规则与标准的研究。本书共分为四篇：第一篇旨在厘清数字贸易的概念和分类；第二篇通过对目前世界各国关于数字贸易的协议协定、政府政策以及法律法规等文件的编码和整理，从数字贸易基础设施、跨境数据流动、电子签名与认证、数字关税、个人信息保护等普遍共同关心的议题分析和梳理目前全球数字贸易已有的规则和标准；第三篇是对我国数字贸易发展实践进行现状分析，提出我国数字贸易发展的方式、路径和步骤，总结了我国数字贸易的发展模型、应用场景，并提出我国发展数字贸易的提议；第四篇收集和整理我国现有的数字贸易相关的政策法规。

本书的编写得到了河北省商务厅、南开大学商学院数字商务研究中心联合团队的大力支持和协助。河北省是我国在自贸试验区建设中较早提出发展数字贸易的省份，近年来在打造数字商务发展示范区、数字贸易平台建设等实践方面进行了深入的探索。南开大学商学院数字商务研究中心是南开大学李凯教授领衔下专门从事数字贸易、电子商务以及数字化转型相关研究的智库，该中心研究队伍由多位教授、副教授带领年轻的硕博士生组成，近年来承担了多项国家及地方政府数字贸易相关的科研课题。

本书是在河北省商务厅课题《全球数字贸易规则与标准研究》以及南开大学文科基金项目《数字贸易环境下的跨境数据流动规则标准、应用场景及监管体系研究》研究成果基础上编写完成。本书在编写过程中，得到了河北省商务厅张记方、冀锋等同志的大力协助；在篇章结构以及核心章节构思方面得到了商务部研究院电子商务研究所杜国臣研究员的全程指导和参与，在此对他们表示衷心的感谢！同时，也十分感谢南开大学商学院数字商务研究中心其他参与相关研究工作的研究人员和硕博士生，他们在近一年的时间内收集了美、欧、俄、日、印等主要国家的贸易协定、发展战略、研究报告及法律法规等文件近百份，整理数字贸易相关内容近100万字，工作非常繁重。由于时间紧张，书中难免存在纰漏之处，也敬请各位专家、读者批评指正，以便我们未来进一步完善。

作者

2021 年 10 月

目　录

第一篇　数字贸易概述

1. 数字贸易的含义 ………………………………………… 2

  1.1 国内外定义 …………………………………………… 2

    1.1.1 国外定义 ………………………………………… 2

    1.1.2 国内定义 ………………………………………… 6

    1.1.3 国内外定义对比 ………………………………… 8

  1.2 本研究的定义 ………………………………………… 10

    1.2.1 贸易变化和特征 ………………………………… 10

    1.2.2 本研究定义 ……………………………………… 13

    1.2.3 重要特征 ………………………………………… 13

    1.2.4 一般特征 ………………………………………… 14

    1.2.5 主要影响 ………………………………………… 15

2. 全球数字贸易的分类 …………………………………… 18

  2.1 国内外分类 …………………………………………… 18

    2.1.1 企业与企业 ……………………………………… 18

    2.1.2 企业与个人 ……………………………………… 19

    2.1.3 个人与个人 ……………………………………… 19

  2.2 本研究的分类 ………………………………………… 20

第二篇　数字贸易规则与标准

3. 全球数字贸易的规则 …………………………………… 24

  3.1 数字贸易基础设施 …………………………………… 24

3.1.1 5G 网络 ···················· 24

3.1.2 物联网 ···················· 29

3.1.3 数据中心 ···················· 33

3.2 跨境数据流动 ···················· 36

3.2.1 跨境数据流动的内涵 ···················· 36

3.2.2 跨境数据流动国外相关规则和标准 ···················· 38

3.2.3 跨境数据流动国内相关规则和标准 ···················· 41

3.3 电子签名与认证 ···················· 43

3.3.1 电子签名与认证内涵 ···················· 43

3.3.2 电子签名与认证国外相关规则和标准 ···················· 44

3.3.3 电子签名与认证国内相关规则和标准 ···················· 48

3.4 关税 ···················· 50

3.4.1 关税的内涵 ···················· 50

3.4.2 关税国外相关规则和标准 ···················· 51

3.4.3 关税国内相关规则和标准 ···················· 56

3.5 个人信息保护 ···················· 59

3.5.1 个人信息的内涵 ···················· 59

3.5.2 个人信息保护国外相关规则和标准 ···················· 59

3.5.3 个人信息保护国内相关规则和标准 ···················· 65

3.6 其他 ···················· 68

3.6.1 计算设施本地化 ···················· 68

3.6.2 源代码 ···················· 70

3.6.3 消费者保护 ···················· 72

第三篇 数字贸易发展中国实践

4. 中国数字贸易发展方案 ···················· 78

4.1 中国数字贸易的发展方式、路径及步骤 ···················· 78

　　　4.1.1 我国数字贸易的发展方式 ············· 78

　　　4.1.2 我国数字贸易发展路径 ··············· 80

　　　4.1.3 我国数字贸易的发展步骤 ············· 82

　　4.2 中国数字贸易发展模式、应用场景及案例 ······ 84

　　　4.2.1 中国数字贸易发展模式 ··············· 84

　　　4.2.2 中国数字贸易应用场景 ··············· 86

　　　4.2.3 中国数字贸易发展案例 ··············· 90

5. 数字贸易发展提议 ························ 106

　5.1 发展宗旨 ····························· 106

　5.2 发展方向 ····························· 107

　5.3 发展关键 ····························· 108

　　　5.3.1 数字贸易基础设施 ················· 108

　　　5.3.2 跨境数据流动 ····················· 111

　　　5.3.3 电子签名与认证 ··················· 113

　　　5.3.4 关税 ··························· 116

　　　5.3.5 个人信息保护 ····················· 118

　　　5.3.6 计算设施本地化 ··················· 121

　　　5.3.7 源代码 ························· 122

　　　5.3.8 消费者保护 ····················· 122

　5.4 发展建议 ····························· 123

　　　5.4.1 经济学视角下传统贸易到数字贸易的转变 ····· 123

　　　5.4.2 数字贸易发展的建议 ················· 124

6. RCEP 和 CPTPP 数字贸易规则比较 ········· 129

　6.1 协定定义 ····························· 129

　6.2 数字贸易规则比较 ····················· 130

　6.3 政策建议 ····························· 134

第四篇　数字贸易政策法规

（一）参考文件列表 ·············· 138
  1. 国外文件 ·············· 138
  2. 国内文件 ·············· 145
（二）文件详情 ·············· 154
  关于推进贸易高质量发展的指导意见 ·············· 155
  关于组织实施2020年新型基础设施建设工程（宽带网络和5G领域）
    的通知 ·············· 163
  个人信息和重要数据出境安全评估办法（征求意见稿） ·············· 170
  关于加强党政部门云计算服务网络安全管理的意见 ·············· 173
  中华人民共和国电子签名法 ·············· 176
  关于跨境电子商务零售进口税收政策的通知 ·············· 183
  电信和互联网用户个人信息保护规定 ·············· 185
  中华人民共和国电子商务法 ·············· 190
  中华人民共和国数据安全法 ·············· 206
  中华人民共和国个人信息保护法 ·············· 215
  深圳经济特区数据条例（征求意见稿） ·············· 230

参考文献 ·············· 251

第一篇 数字贸易概述

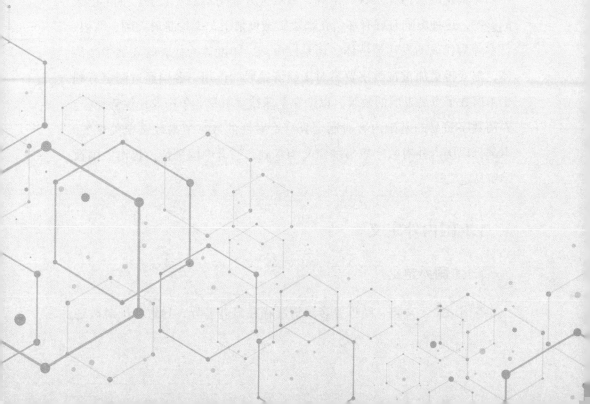

1. 数字贸易的含义

　　2020年初爆发的新型冠状病毒肺炎疫情造成全球超过四千万人感染，对全球经济活动产生了巨大的冲击。消费者出于降低感染风险的目的，减少了外出就餐、购物、观影频次，与之相关的经营活动受到了猛烈冲击。但用户的需求不会因为疫情而剧烈萎缩，市场总会通过其他方式解决供给短缺的问题。数字贸易的优势在新冠肺炎疫情下逐渐凸显出来。以线上教育、跨境电子商务、数据买卖等为代表的数字贸易，凭借其购买、销售环节的虚拟性，成为满足消费者需求的重要组成部分。数字贸易在新的时代背景下，对促进经济发展、满足消费者需求发挥着越发重要的作用。

　　新冠肺炎疫情使以传统国际贸易为主的国家，越发重视数字贸易的作用。突发的疫情在宏观、中观、微观等方面均对数字贸易产生了巨大的影响，这种影响有好有坏。在新冠肺炎疫情下，无论是以美国、欧盟、日本等为代表的发达经济体，还是以中国、印度等为代表的发展中经济体，都变得更加重视数字贸易对于经济发展的作用。各国通过制定有利于本国数字贸易发展的政策，以期在全球数字贸易竞争中取得优势地位。弄清数字贸易的基础内容对制定具有针对性的数字贸易政策至关重要。本部分以国内外对数字贸易的定义为基础，结合中国国情，提出中国数字贸易定义。

1.1 国内外定义

1.1.1 国外定义

各国历史、文化、经济等客观情况存在显著差异，导致各国对数字贸易的定义存在些许不同。目前为止，美国、世界经济合作与发展组织（OECD）、日本、世界贸易组织（WTO）等经济组织均对数字贸易的内容进行了定义。本报告主要从交易对象、技术要求、交易环境等方面介绍国外数字贸易定义，如表1-1所示。

（一）交易对象

数字贸易的交易对象主要包括服务、数字商品、借助数字技术销售的实体商品等。国外大多数经济主体在对数字贸易进行定义时，均会涉及交易对象。交易对象作为贸易的核心内容，是区分不同贸易形态的重要标准。随着数字贸易研究的深入，交易对象的边界被不断拓宽。国外对数字贸易对象的认知，可以被划分为如下三个阶段。交易对象的更迭路径如图1-1所示。

（1）仅有服务被认为是数字贸易的交易对象。在最初的研究中，仅有服务被视为数字贸易的交易对象，如版权、许可费、金融、技术服务等。该认识强调的是数字贸易交易对象的虚拟属性。相较于实体商品，服务作为一种典型的虚拟商品，成为数字贸易主要的交易对象。

（2）除了服务，数字商品也被添加到数字贸易交易对象的范畴中。与服务相同的是，数字商品也具有很强的虚拟属性，如电子专辑、网络电影。将数字商品添加到数字贸易交易对象的范畴中，拓宽了数字贸易的边界。

（3）在服务和数字商品的基础之上，通过网络订购的实体商品也被添加到数字贸易交易对象的范畴中。数字贸易的交易对象虽然也包括实体商品，但与货物贸易不同的是，在数字贸易中，只有通过数字技术订购的实体商品才属于交易对象，如通过网络订购的食品、厨房用品等。反之，未通过网络订购的实体商品依旧属于货物贸易的范畴。

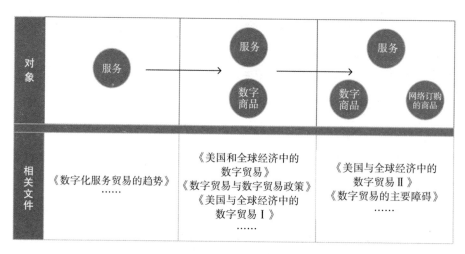

图1-1 国外数字贸易交易对象的变更

（二）数字技术

数字贸易的交易环节需要借助数字技术实现。数字贸易的交易对象通过数字化方式完成订购、交付步骤。相较于货物贸易和服务贸易，数字化的交易媒介打破了时间和空间的限制，极大地降低了交易主体的交易成本，提高了交易效率。交易媒介的转变很大程度上是因为交易对象的转变。相较于货物贸易的实体对象，数字贸易的交易对象在传统贸易的基础之上，增加了服务、数据等虚拟商品，一定程度上促进了交易媒介的拓展。

（三）交易环境

数字贸易的主要交易环境包括境内和境外。伴随着数字贸易的发展，各国对数字贸易交易环境的认知也在不断更新。在最初的认知中，仅仅将数字贸易的交易环境限定在跨境范围。随着认知的深入，数字贸易的交易环境被拓展至境内外。

表1-1 世界各国或组织数字贸易定义

发表时间	发表主体	主要来源	相关定义
1998 年	世界贸易组织	第二次部长会议中设立的"电子商务工作计划"	对象：货物、服务； 中介：电子方式； 数字贸易和跨境电子商务的关系：采用了和电子商务相同的概念；
2010 年	Weber	《Digital Trade in WTO‐Law‐Taking Stock and Looking Ahead》	对象：数字产品、服务； 中介：互联网等电子化手段；
2012 年	美国商务部经济分析局（USBEA）	《数字化服务贸易的趋势》	对象：服务（版权、长途通信、技术服务、专业服务）； 中介：信息通信技术； 运营环境：跨境贸易；
2013 年	美国国际贸易委员会（USITC）	《美国与全球经济中的数字贸易 I 》	对象：产品、服务（音乐、游戏、书籍）； 中介：互联网； 运营环境：国内商务、国际贸易；
2014 年	美国国际贸易委员会	《美国与全球经济中的数字贸易 II 》	对象：产品(由互联网购买的实体货物)、服务（软件、音乐、电影）； 中介：互联网和互联网技术； 运营环境：国内贸易、国际贸易；
2017 年	美国贸易代表办公室（USTR）	《数字贸易的主要障碍》	对象：在互联网上销售的个人消费品、在线服务、数据； 中介：数字技术（ICT）； 运营环境：国内贸易、国际贸易；
2017 年	美国国际贸易委员会	《美国和全球经济中的数字贸易》	对象：产品、服务，排除实体产品和数字附属品； 中介：互联网、智能手机、互联网传感器；
2017 年	世界经济合作与发展组织	《数字贸易》	基础：跨境数据交付； 对象：数字化产品、数字化服务；
2018 年	美国国会研究服务中心（CRS）	《数字贸易与数字贸易政策》	内容：电影、影视游戏、沟通渠道；
2019 年	藤原正彦、金坚敏	《环球》采访	对象：数据、服务； 中介：互联网； 数字贸易和跨境电子商务的关系：跨境电子商务是数字贸易的代表；

资料来源：公开资料整理。

1.1.2 国内定义

国内对数字贸易的研究起步较晚。这不仅仅受制于国内经济发展水平，还受限于国内数字技术的发展水平。伴随着中国经济发展水平和科学技术水平的提高，数字贸易在中国迅猛发展。与国外相似的是，国内有关数字贸易的定义也主要从交易对象、交易媒介、交易环境等维度展开，如表1-2所示。

（一）交易对象

数字贸易的交易对象主要包括：（1）服务；（2）数字化电子信息，如数据、数字化知识与信息；（3）通过数字技术销售的实体商品。服务、数字化电子信息作为典型的虚拟商品，具有看不到、摸不着的特征，但是其切切实实通过贸易行为为贸易主体创造了价值。不仅如此，通过数字技术销售的实体商品也具有很强的虚拟特性，通常强调商品订购、商品咨询、支付款项等交易环节的虚拟性。将通过数字技术销售的实体商品添加到数字贸易交易对象中的做法，极大地拓展了交易对象的范畴，便于制定覆盖性更强的管理政策。交易对象的更迭路径如图1-3所示。

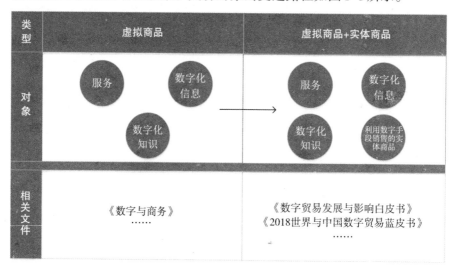

图1-2　国内对数字贸易对象的认知

资料来源：公开资料整理。

（二）数字技术

数字贸易交易对象的交付需要依靠数字技术实现。数字贸易的顺利进行必定要依靠相应的媒介。数字贸易的交易媒介主要包括线上交易平台等。随着国内信息技术水平的提高，数字贸易的发展水平也将上升至新的高度。

（三）交易环境

数字贸易的交易环境包括境内和境外。数字贸易的交易范围在国内的相关文件中也有提及。数字贸易一般可以被划分为境内商务贸易活动和境外商务贸易活动，这与欧美等发达经济体在这方面的定义类似。仅仅将境外数字贸易定义为数字贸易的做法，明显不符合新经济环境的要求。

表1-2　中国数字贸易定义

发表时间	发表主体	主要来源	相关定义
2011年	熊励	《数字与商务》	对象：数字化信息； 中介：互联网、数字交换技术； 运营环境：全球范围；
2014年	李忠民、房超、梁银锋	《数字贸易及其时代价值与研究展望》	对象：商品、服务； 中介：互联网； 运营环境：国内商务活动、国际商务活动；
2018年	浙江大学"大数据＋跨境电子商务"创新团队	《2018世界与中国数字贸易蓝皮书》	对象：实体货物、数字商品与服务、数字化知识与信息； 中介：现代信息网络，信息通信技术；
2019年	中国信通院	《数字贸易发展与影响白皮书》	对象：实物商品、数字化的商品、服务； 中介：信息技术、线上平台、信息通信网络；

资料来源：公开资料整理。

如图1-3所示，本研究从发表数字贸易概念的主体个数和主体差异两个维度将本文搜集到的资料进行了整理。数字贸易概念最早出现在

1998年，发表最高峰出现在2017年。从发表主体的角度看，美国作为世界经济、技术强国，更加重视数字贸易。相比较而言，日本、WTO、OECD等经济组织的声音明显更弱。

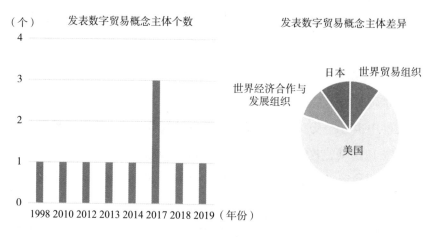

图1-3 国外数字贸易交易对象的变更

1.1.3 国内外定义对比

总体来说，国内外将数字贸易的交易对象划分为实体商品和虚拟商品两大类，虚拟商品又可以细分为服务、数字商品、数据三小类。服务、数字商品、数据这些商品均以看不到、摸不到的形式存在，以虚拟形式参与整个贸易活动。虚拟性是数字贸易的重要特征，虚拟对象不需要货船、货机、货车等大型载体进行运输，这使得贸易交易对象在不同主体之间的流动速度更快、流动效率更高。数字贸易的另一类交易对象是实体商品，不过只有通过互联网等电子方式订购的实体商品才会被归入数字贸易交易对象的范畴中。

信息通信技术等数字技术的发展为数字贸易交易对象的流通创造了条件。无论是哪一种媒介，其存在形式都是虚拟的。互联网、线上交易平台等创造了一个虚拟空间，在这个虚拟空间中，不同主体之间可以进行沟通、交换等行为。信息通信技术为数据的交换创造了条件，它搭建了一条方便贸易数据流动的信息高速公路。

有关数字贸易运营环境的讨论主要集中在境内和境外两部分。数字贸易的运营环境大致上呈现不断扩大的态势，由跨境逐渐转变为境内外。广阔的交易空间为数字贸易的发展创造了必要条件。

表1-3　国内外数字贸易定义对比

定义维度	内容	相关主体–文件
对象	服务	WTO–"电子商务工作计划"；USBEA–《数字化服务贸易的趋势》；中国信通院–《数字贸易发展与影响白皮书》等
	数字商品	浙江大学"大数据＋跨境电子商务"创新团队–《2018世界与中国数字贸易蓝皮书》；CRS–《数字贸易与数字贸易政策》等
	货物	WTO–"电子商务工作计划"；浙江大学"大数据＋跨境电子商务"创新团队–《2018世界与中国数字贸易蓝皮书》
	信息	熊励–《数字与商务》；伊万·沙拉法诺夫、白树强–《WTO视角下数字商品贸易合作机制研究——基于数字贸易发展现状及壁垒研究》等
中介	互联网	USITC–《美国与全球经济中的数字贸易Ⅰ》；熊励–《数字与商务》；曹森孙–《我国数字贸易发展：现状、挑战与策略研究》等
	信息通信技术	USBEA–《数字化服务贸易的趋势》；浙江大学"大数据＋跨境电子商务"创新团队–《2018世界与中国数字贸易蓝皮书》；中国信通院–《数字贸易发展与影响白皮书》等
	数字技术	USTR–《数字贸易的主要障碍》；伊万·沙拉法诺夫、白树强–《WTO视角下数字商品贸易合作机制研究——基于数字贸易发展现状及壁垒研究》等
	线上交易平台	王树彤–2017年乌镇世界互联网大会；中国信通院–《数字贸易发展与影响白皮书》等
运营环境	境内、境外	USITC–《美国与全球经济中的数字贸易Ⅱ》；USTR–《数字贸易的主要障碍》；中国信通院–《数字贸易发展与影响白皮书》等
	境外	USBEA–《数字化服务贸易的趋势》

资料来源：公开资料整理。

1.2 本研究的定义

1.2.1 贸易变化和特征

为了更好地适应时代发展的需要，贸易形态不断更迭，经历了以货物贸易为主、以服务贸易为主、以数字贸易为主的三个重要阶段，如图1-4所示。伴随着物联网技术、5G 通信技术、人工智能技术等新一代数字技术的发展，人类社会迈入数字经济时代。数字经济背景下，以数据流动作为重要特征的数字贸易逐渐凸显出来。目前，人类社会正处在以数字贸易为主的贸易环境中。

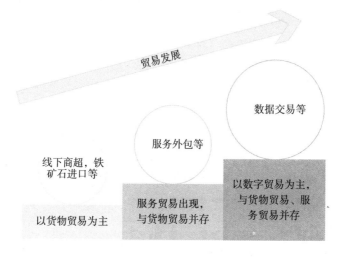

图1-4 贸易形态的转变

资料来源：公开资料整理。

本研究对货物贸易和服务贸易定义中的特征、交易主体、交易对象等内容进行相应的说明。

货物贸易，也被称作为有形商品贸易，此类贸易交换的对象主要是以实物形态表现的各种商品，如电脑、自行车、剃须刀等。有形性、非同时性、可储存性、公开性是货物贸易的主要特征。有形性指的是货物贸易的交换对象是看得见、摸得着的。非同时性指的是贸易对象的生产环节、销售环节、消费环节彼此分离。可储存性指的是货物贸易的商品需要借助存放设备进行储存。公开性指的是各国对货物贸易的监管主要通过商品的数量和质量。监管措施主要包括关税、补贴、配额等。

服务贸易指的是通过货物加工、维修、装配以及人员、货币等生产要素为非本国公民提供服务并获得相应报酬的一系列活动。无形性、同时性、多重性、隐蔽性是服务贸易的主要特征。无形性是指服务是看不见、摸不着的。同时性是指服务贸易的交易过程与生产、消费过程同时进行。多重性是指在服务贸易中，某一主体既可能是销售者，也可能是生产者。消费者也有可能参与到生产过程中，生产主体的界限模糊。隐蔽性是指大部分国家采用严苛的准入条件、非国民待遇等非关税方式，保护本国的服务贸易。

对比货物贸易和服务贸易可以发现，伴随着贸易形态的改变，交易对象、交易主体、重要特征等关键内容均发生显著改变。

相较于传统的货物贸易、服务贸易，数字贸易更加强调贸易的数字化特性。数字化特性不仅仅体现在贸易对象的数字化，还表现在贸易结算方式、各环节链接纽带等全过程的数字化。

本研究将数字贸易细分为数字服务贸易和数字货物贸易。数字服务贸易是指境内外法人或自然人等贸易主体凭借虚拟现实技术、人工智能技术实现数据商品的交换，数据流动贯穿于数字贸易的整个过程。数字货物贸易指的是数字贸易的交易对象，除了数据商品，还包括一系列利用数字化手段销售的实体商品和服务。

表1-4　货物贸易、服务贸易、数字贸易对比

	货物贸易	服务贸易	数字贸易
定义	货物贸易也被称作为有形（商品）贸易，用于交换的对象主要是以实物形态表现的各种商品	服务贸易是指货物加工、维修、装配以及人员、货币等生产要素为非本国公民提供服务并获得相应报酬的一系列活动	数字贸易是指贸易主体借助数字通信技术，实现虚拟商品、实体商品的交换，数据流动贯穿数字贸易的整个过程

续 表

	货物贸易	服务贸易	数字贸易
特征	1. 有形性：商品是看得见、摸得着的； 2. 非同时性：生产、销售、消费等过程相分离； 3. 可储存性：商品是可以进行储存的； 4. 公开性：主要是对商品的数量、质量进行监管，措施主要包括关税、补贴、配额	1. 无形性：服务是看不见、摸不着的； 2. 同时性：交易过程与生产和消费同时进行； 3. 多重性：销售方既可能是销售者，也可能是生产者，而消费者也有可能参与到生产过程中； 4. 隐蔽性：大部分国家采用严苛的准入条件、非国民待遇等非关税方式，保护本国的服务贸易	1. 平台化：由于其数字化特征，数字贸易需要依靠相应的平台才可以进行商品交换； 2. 全球化：数字贸易降低了参与贸易活动的门槛，数字化产品的流动效率更高，全球各地的主体均可以参与到数字贸易中； 3. 个性化：数字化产品更有可能根据用户的需要进行调整，产品更加个性化； 4. 虚拟化：交易对象和交易媒介的虚拟化； 5. 扁平化：中间环节减少，使得沟通效率提升
交易主体	法人、自然人	法人、自然人	法人、自然人、智能机器人
交易对象	实体商品	服务	以数据为代表的虚拟商品、利用数字化技术销售的实体商品；
分类	1. 初级产品：食品及主要供食用的活动物、饮料及烟类、燃料以外的非食用粗原料、矿物燃料和润滑油及有关原料、动植物油脂及油脂； 2. 制成品：未列名化学品及有关产品、主要按原料分类的制成品、机械及运输设备、杂项制品	1. 商业性服务：包括不动产服务、研发服务、计算机及相关服务等； 2. 通信服务：包括所有和软件功能、储存设备、产品操作等相关的服务，比如电信服务、速递服务等； 3. 建筑服务：包括施工服务、工程建筑设计服务等； 4. 其他服务	1. 数字服务贸易： 对象：以数据为代表的虚拟商品； 强调：凭借物联网、大数据、人工智能技术对数据进行交换； 2. 数字货物贸易： 对象：通过数字技术销售实体商品； 强调：以数字格式对各种实体商品进行交换

资料来源：公开资料整理。

1.2.2 本研究定义

目前，国内外关于数字贸易的定义还未形成共识。本研究在考虑到中国国情的基础上，结合国际社会对数字贸易理解的共通之处，认为数字贸易不是简单的大数据、区块链和人工智能等通信技术＋贸易，也不仅仅是数字化产品的贸易。数字贸易是贸易在整个人类进入数字时代的背景下，从基本要素、交易主体、交易对象、交易过程，到效率的整体和彻底地变化，这一变化是由数字化所驱动的。因此，本研究对数字贸易做如下定义：

数字贸易是指交易主体（包括法人、自然人和智能机器人），在数字化技术和手段（数字化平台、软件和系统等）的支持下，开展以货币（包括数字化货币）为媒介的，针对所有商品（包括实体和虚拟对象）的一切交换活动或行为（价值链上下游所有主体的商品买卖活动）。

传统贸易的交易主体是法人和自然人，数字贸易的交易主体则增加了智能机器人。智能机器人指的是能够进行自主交易的人工智能交易主体。目前，智能机器人交易的趋势在自动化交易、算法交易和智能交易代理等领域里已经初步显现。在未来的数字交易过程中智能机器人一定是一类重要的交易主体。因此，智能机器人成为数字贸易交易主体的这一趋势，使得关于智能机器人交易主体的法律和伦理等问题成为未来理论和实践界都急需研究的课题。未来数字贸易一定是以数字化平台为基础，以数字化货币为媒介的交易形式。因此，数字贸易综合服务平台和数字货币也是未来数字贸易亟待研究的重要课题。数字贸易将是未来贸易的主体形式，具有数据高效流动、数据中台支持、可信交易生态和全球价值链联动四大重要特征。

1.2.3 重要特征

特征一：数据高效流动

5G以及未来6G通信技术为数据的高效流动奠定基础，高效流动的数据助力于贸易各环节实时联动。凭借先进的数字技术，毫秒级的快速处理变为现实。数据高效快速流动使数字贸易的各环节能够做到实时响应，这对于降低交易成本、提高交易效率有着决定性的作用。

特征二：数据中台支持

数字贸易的发展对数字基础设施的复用、响应、解耦能力提出了新的要求。数据湖、数据海的数据中台可以有效满足数字贸易的需要。数据中台以数据为核心，不仅包括数据本身，还包含数据收集、数据处理、数据算法和分析等内容。强大的数据处理能力和人工智能算法，为复杂的贸易活动业务流程提供智能解决方案。

特征三：可信交易生态

大数据和区块链相关技术的应用提高了数字贸易主体的征信和数字贸易各环节过程透明客观的程序。数字贸易与传统贸易相比较将更加凸显在交易保障、支撑体系、交易规范和标准等方面的巨大优势。未来数字贸易一定是一个交易主体可信任、交易过程可信任、交易行为可信任的可信交易生态圈。

特征四：全球价值链联动

数字化技术和手段使得数字贸易突破了传统贸易的局限性。数字贸易活动一定是体现全球价值链联动的过程。价值链各环节的链接将更加紧密，信息共享也会更加高效和快速。数字贸易将打破价值链"链"和"网"的传统结构，形成各环节高效直通互联的数字贸易共同体。

1.2.4 一般特征

个性化是数字贸易的一般特征。伴随着沟通效率、生产效率的提升，数字贸易交易对象的生产者更有可能根据用户的需要调整生产，以便使商品更加符合需求方的需要。这种及时调整能力可以使数字贸易的交易对象更加个性化。

虚拟化是数字贸易的一般特征。无论是数据商品，还是通过数字技术销售的实体商品和服务，都具有很强的虚拟属性。不仅如此，数字贸易交易对象的传输媒介也具有较强的虚拟属性。数据的传输依靠虚拟媒介，通过数字技术交易商品和服务也需要借助虚拟媒介完成订购、付款等行为。

扁平化是数字贸易的一般特征。数字贸易各个环节的联动依托于数字通信技术，数字通信技术帮助数字贸易的各个交易主体高效沟通，减少中间环节，使贸易结构变得越发扁平，具体表现为两端多，中间少。

全球化是数字贸易的一般特征。数字贸易的交易范围不仅包括境内，还包括境外。数字贸易的交易对象突破了时间和空间的界线，在以数据流动为重要特征的数字贸易中交换效率更高。理论上，全球各地的法人和自然人都可以参与到数字贸易之中。

1.2.5 主要影响

数字贸易的发展对全球价值链产生了十分显著的影响。本研究主要从产出物、中国竞争力、联动方式、长度等方面进行说明，如表1-5所示。

全球价值链的主要产出物发生了明显变化。在货物贸易中，全球价值链的主要产出物以实体货物为主，如纺织品、化工用品、机器零部件等。在服务贸易中，全球价值链的主要产出物以服务为主，这种服务不仅仅包括传统意义上的劳动，还包括以服务业为代表的第三产业。对于数字贸易来说，全球价值链的产出物主要是以通过数字技术销售的实体商品和以数据交换为代表的高端服务。数据流动贯穿全球价值链的整个过程。

中国在全球价值链上的比较优势发生了改变。在货物贸易中，中国在全球价值链上的比较优势主要集中在资源和劳动力两方面。以重工业为例，重工业的发展离不开煤炭、石油等矿物资源，中国地大物博，拥有丰富的自然资源。再如以纺织业为代表的轻工业，低廉的人力成本成为中国的比较优势。在服务贸易中，劳动力、技术、人才等生产要素成为中国在全球价值链上的比较优势。中国素质较佳且成本较低的劳动力，为服务业的发展提供了竞争优势。在数字贸易中，数据资产作为中国的重要竞争力成为中国参与全球价值链分工的重要优势。除此之外，高端技术和高端人才也为中国参与全球竞争提供支持。

全球价值链各环节的联动方式发生了改变。在货物贸易时代，海洋运输、航空运输、铁路运输是连接全球价值链各环节的重要媒介。在货物贸易中，各个国家地区凭借比较优势分解各生产环节，一个环节结束后需要将该环节产出物运送至另一个环节，空间距离使各环节的联动必须要依靠上述方式。而在服务贸易时代，商品交易平台成为连接全球价值链各个环节的纽带，通过商品交易平台，各个环节得以有机结合。在数字贸易时代，由于数字贸易的交易对象不仅包括通过数字技术销售的实体商品，还包括以数据交换为代表的服务，这使得以物联网、人工智能、大数据为主，以传统运输方式为辅的连接媒介成为全球价值链各环节联动的主要方式。

全球价值链的长度发生了明显变化。在货物贸易和服务贸易中，生产者与消费者之间存在大量的中间环节，如各级经销商。这使得生产者与消费者之间的沟通成本相对较高，全球价值链被拉长。而在数字贸易中，中间环节较少。理论上，消费者可以与生产者直接进行沟通，这为定制化商品的形成提供了条件。较少的中间环节使得全球价值链的长度大大缩短。

表1-5 全球价值链的变化特征

变化点	货物贸易	服务贸易	数字贸易
全球价值链的主要产出物	以货物为主	以服务为主	1. 通过数字技术销售的实体商品； 2. 以数据交换为代表的服务

续　表

变化点	货物贸易	服务贸易	数字贸易
中国在全球价值链上的比较优势	1. 资源（重工业，如制造业）； 2. 劳动力（轻工业，如纺织业）	1. 劳动力（家政服务）； 2. 技术、人才	1. 数据资产（法人或自然人日常行为所产生的数据）； 2. 高新技术和高端人才（大数据处理）
全球价值链各环节联动的方式	水路、航空、铁路等	服务交易平台	以大数据、人工智能为主，配合以传统运输方式
全球价值链的长度	沟通成本较高，生产者和消费者中间存在众多环节		中介环节较少，理论上，生产者可以和消费者直接进行沟通

资料来源：公开资料整理。

2. 全球数字贸易的分类

突发的新冠肺炎疫情对数字贸易的治理提出了更高的要求。在疫情下，弄清数字贸易的分类对相关部门进行有效管理十分重要。清晰的分类有利于各主管部门针对各个细分领域出台更加具有针对性的政策，帮助中国乃至全世界战胜新冠病毒。由于各国对数字贸易的分类不完全相同，各国在对数字贸易进行管理时，可能会出现一些冲突。在研究世界其他国家和组织对数字贸易分类的基础上，做好我国数字贸易的分类是十分必要的。

2.1 国内外分类

国内外不同主体对数字贸易进行分类时，大都涉及交易对象、交易平台、交易主体三部分。因此，本文在搜集大量资料的基础上，对国内外数字贸易的分类作如下说明。

2.1.1 企业与企业

因为企业体量较大，所以企业对商品的消耗量（供给量）相对较大，使得企业与企业之间的数字贸易数量占据了数字贸易总额较高的比例。企业客户会通过不同的交易平台采购虚拟商品和实体商品，以满足企业自身发展的需要，如表2-1所示。

表2-1　B2B 数字贸易

		对　象		
		实体对象	虚拟对象	
		货物	服务	数据、信息
平台类型	自有数字交易平台	企业 A 在企业 B 的官网上购买服务器；	企业 A 在企业 B 的官网上购买中央空调清洗服务；	企业 A 在企业 B 的官网上买汽车维修数据；
	第三方数字平台	企业 A 在亚马逊上购买办公用品；	企业 A 在服务供应平台购买物业服务；	企业 A 通过第三方平台购买数据；

资料来源：本研究整理。

2.1.2 企业与个人

企业与个人消费者之间有着千丝万缕的联系。个人消费者可以通过不同的电子平台购买自己需要的商品，这种商品可能是虚拟的，也可能是实体的。无论哪一种都属于数字贸易的范畴，如表2-2所示。

表2-2　B2C 数字贸易对比

		对　象		
		实体对象	虚拟对象	
		货物	服务	数据、信息
平台类型	自有数字交易平台	消费者在优衣库官网购买衣服；	消费者在自如官网订购住宿房间；	消费者在数据公司的官网购买所需要的数据；
	第三方数字平台	个人消费者在 eBay 上购买生活用品；	消费者在设计平台上购买 LOGO 设计服务；	个人消费者在第三方专业数据平台购买数据；

资料来源：本研究整理。

2.1.3 个人与个人

个人消费者之间进行的数字化交易也被归到数字贸易的范畴之中。由于个人消费者往往很少有能力构建数字交易平台。因此，个人消费者之间的交易主要发生在第三方数字平台，如表2-3所示。

表2-3 C2C 数字贸易对比

平台类型		对　象		
		实体对象	虚拟对象	
		货物	服务	数据、信息
平台类型	自有数字交易平台	————	————	————
	第三方数字平台	个人消费者从 eBay 上购买二手手机；	个人消费者在 Airbnb 上预订民宿；	个人消费者在数字平台上购买电子杂志；

资料来源：本研究整理。

2.2 本研究的分类

通过分析现存的与数字贸易有关的研究，本报告以贸易交易对象为主要划分标准，将数字贸易细分为数据贸易、数字服务贸易、数字货物贸易三大类。

数据贸易的交易对象以数据为典型代表。在数据贸易中，数据被当作一种商品，参与商务活动全过程，如数据买卖。除数据自身之外，围绕数据进行的各种贸易活动也被纳入数据贸易的范畴中，如大数据处理、分析等。技术的发展和进步为以数据交换为重要代表的高端数字商务提供了极大的支持。相较于数字服务贸易、数字货物贸易，数据贸易更加强调数据交易这一特征，如以大数据处理、云储存等为核心业务的数字产业。数据贸易的发展，得益于人工智能技术、5G 通信技术的发展和进步。

数字服务贸易包括信息技术服务、数字内容服务和其他服务。以软件为代表的信息技术服务，以数字传媒、数字出版为代表的数字内容服务以及其他通过互联网交付的离岸服务外包共同构成了数字服务贸易。数字服务贸易具有很强的虚拟属性，强调通过无形的服务满足交易主体的需要。相较于传统的服务贸易，数字服务贸易强调通过人工智能技术、信息通信技术等连接不同的交易主体。数字娱乐、社交媒体等得益于新兴数字技术，获得了极大的发展。

数字货物贸易的交易对象以通过数字技术销售的实体商品为主。与传统货物贸易和服务贸易相比，数字货物贸易更大程度上依托于虚拟现实技术、人工智能技术、大数据技术等新兴数字技术实现实体商品交换。数字货物贸易可被划分为初级产业数字货物贸易（如农、林、牧等行业数字化）和第二产业数字货物贸易（如制造业、建筑业数字化）。

本研究将数据贸易、数字服务贸易、数字货物贸易做横向对比，以便更加清晰地将三者进行区分。

表2-4　数字货物贸易、数字服务贸易、数据贸易横向对比

	数字货物贸易		数字服务贸易			数据贸易	
贸易对象	通过数字平台销售的实体商品		通过数字平台销售的服务			通过数字平台进行的数据交易	
贸易细分	初级产业数字货物贸易	第二产业数字货物贸易	信息技术服务	数字内容服务	其他	数据买卖	数据处理
贸易主体	境内外的法人和自然人						
贸易原因	比较优势不同，全球价值链上的不同主体需要通过协作的方式降低成本						
关键技术	以虚拟现实（VR）、人工智能（AI）、大数据（Big Data）、第五代移动通信技术（5G）等为代表的新兴数字技术						
贸易方式	数字化平台；物理运输方式		数字化平台；数据传输				
贸易影响	加速产业互联网、全球价值链转型升级，提升贸易智能化水平						
贸易监管	跨境数据流动；电子签名与认证；关税；个人信息保护						

资料来源：本研究整理。

第二篇　数字贸易规则与标准

3. 全球数字贸易的规则

3.1 数字贸易基础设施

数字贸易基础设施，指以5G、物联网、数字中心为代表的数字贸易相关基础设施，其本质是以信息网络为基础、提供数字转型等服务的基础设施体系，是"新基建"的一部分。数字贸易基础设施是数字贸易发展的重要支撑。因而加快构建高速、移动、安全、泛在的数字贸易基础设施、完善数字贸易体系迫在眉睫。

3.1.1 5G 网络

5G 拥有无限的市场机遇，更被视为全球新一代经济增长的驱动力。全球产业界正为"5G 改变社会"这一梦想拼搏，努力从技术标准、产业、应用等多方面携手并进，全面推动5G 的成功商用。5G 相关国际规则由国际电信联盟（ITU）和第三代合作伙伴计划（3GPP）等国际标准组织推动。5G 相关国内规则由 IMT-2020（5G）推进组推动，中兴、华为等设备商与三大运营商参与制定。

3.1.1.1 5G 国外相关规则

国际组织规则方面：

国际电信联盟 ITU 为 5G 定义了三大应用场景，即增强型移动宽带（eMBB）、海量机器类通信（mMTC）、超可靠、低时延通信（uRLLC）。除了应用场景，ITU 还确定了8个重要指标，即峰值速率、用户实际体验速率、延迟要求、移动性要求、连接密度、能量效率、频谱效率、地区吞吐量。只有同时满足了所有重要指标的标准才能被称为5G 标准。

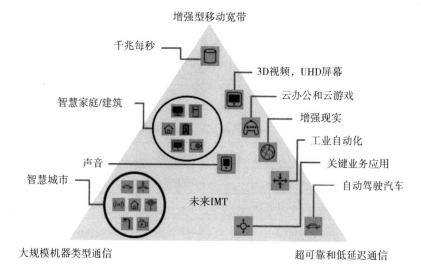

图3-1　ITU 确定的5G 应用场景

资料来源：国际电信联盟。

表3-1 为不同应用场景的指标要求与典型应用。

表3-1　不同应用场景对比

应用场景	对指标要求	典型应用
eMBB	峰值速率：下行 20Gbps 上行 10Gbps	4k/8k 视频、VR、AR
	用户体验速率：下行 100Mbps 上行 50Mbps	
	频谱效率：下行 30bit/s/Hz 上行：10bit/s/Hz	
	控制面时延：20ms	
	用户面时延：4ms	
	带宽：低频 100MHz 高频 1GHz	
uRLLC	连接密度：100 万 / 平方公里	无人机
	功耗：广阔地区 10 年 一般设备 2—5 年	
	用户时延：1ms	
mMTC	可靠性：99.99%	智慧家庭、智慧城市
	连接密度：100 万 / 平方公里	

资料来源：本研究整理。

3GPP（3rd Generation Partnership Project）即第三代合作伙伴计划为5G 制定了 5G 全球通用标准。为了满足新的市场需求，3GPP 规范不断增添新特性来增强自身能力。从 R15 开始为 5G 标准。表3-2 为不同 5G 标准发行版的区别。

表3-2　3GPP 对5G 发布的版本对比

版本	状态	对应应用场景	研究方向
R15	已经全部完成并冻结	eMBB	NSA，SA，NR 等
R16	正在进行中，冻结时间推迟	uRLLC	V2X，工业 IoT 等
R17	已经启动准备工作	mMTC	NR Light，多 SIM 等

资料来源：本研究整理。

图3-2 为最新的 5G 标准时间表。

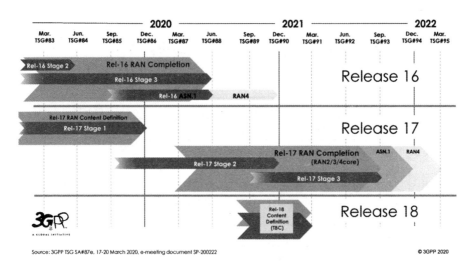

Source: 3GPP TSG SA#87e, 17-20 March 2020, e-meeting document SP-200222

© 3GPP 2020

图3-2　最新5G 标准时间表

资料来源：第三代合作伙伴计划。

针对 5G 的发展，全球主要经济体都想要掌握战略先机，分别采用一系列的战略举措，以期完善顶层设计、加快应用落地。这些战略举措既体现了各国对 5G 在全球发展的共识，也体现了发展阶段与价值观念的不同。

美国5G战略：

美国实施"五步走"战略，强调规则的"主导性"。根据该战略，5G的发展落地是由私营部门主导，政府部门在幕后操控。美国也是最早提出并系统实施5G战略的国家。在2016年，美国的5G战略就已经逐渐向维护国家安全方向靠拢。美国通过稳步实施"五步走"战略，在5G发展的各个方面均取得领先优势，包括技术研发、商业应用等。

欧洲5G战略：

欧洲推行5G+工业4.0战略，强调规则的"保守性"。5G的建设应用已经是建设数字欧洲的重要领域，对欧盟实现"战略自治"有重大意义。欧盟推进5G发展的战略特征有：一是北欧领跑5G发展。在2018年，北约提出战略构想，要推动北欧成为全球第一个5G互联地区，全面加强信息通信领域的合作。二是英、法、德等国家发布一系列战略，将5G发展落地视为争夺未来工业4.0制高点的关键。三是欧盟重点关注5G的网络安全。根据欧盟颁布的政策文件来看，欧盟的举措突出确保5G的网络安全，并更强调实用性。

日韩5G战略：

日韩分别提出"Beyond 5G"和"5G+"战略，强调规则的"前瞻性"。多年来，日韩的移动互联网接入速度始终位于世界前列。为了保持科技强国的地位，日韩在2013年就已经开始了5G产业研发。在规则制定、研发投入、机构设立等多方面，日韩都表现得更为积极。同时日韩两国在审视本国信息技术的基础之上，提出了新的发展思路。例如，日本政府考虑到日本产业界近年在5G技术前沿研发乏力，因而选择和欧洲的政企学联合，提出了"后5G"战略，试图通过后5G技术强化未来竞争力。

总体来说，全球经济体的5G战略呈现三大特点：一是突出关键基础设施的安全防护；二是倡导安全与发展并重的基本理念；三是侧重与私营机构的合作与信息共享。

表3-3 发达国家相关5G战略比较

	美国	欧盟	日本	韩国
战略特性	主导性	保守性	前瞻性	前瞻性
战略内容	"五步走"战略	5G+工业4.0战略	Beyond 5G	5G+战略
是否侧重安全发展	是	部分是(英法)	否	否
是否侧重战略联盟	是	是	否	是
是否侧重基础设施	是	是	否	否

资料来源:本研究整理。

3.1.1.2 5G国内相关规则

IMT-2020（5G）推进组是中国5G的权威机构，运营商、厂商等都需要在它的框架内开展5G工作。推进组在关键技术创新、标准制定、整个产业组织以及国际化方面做了很多工作。目前，推进组根据5G的发展在结构上做了微调。在工作层面，也将继续推动5G技术标准的制定工作、网络演进以及后续产业发展，特别是产业应用方面。

5G白皮书一直都是推进组很重要的一个成果，从最开始5G的愿景、概念、架构到应用分领域，都出台了很多白皮书。

表3-4 推进组发布白皮书汇总

书 名	发布时间	内 容
《5G愿景与需求白皮书》	2014年5月	提出我国的"5G愿景与需求"，相比ITU等提出的"硬需求"更加全面和细化。
《5G概念白皮书》	2015年2月	分析归纳了5G主要技术场景、关键挑战和适用关键技术，提取了关键能力与核心技术特征并形成5G概念。
《5G无线技术架构白皮书》	2015年5月	形成5G无线技术框架，推动达成产业共识，以指导5G国际标准及后续产业发展。
《5G经济社会影响白皮书》	2017年6月	提出加快5G产业化进程，超前部署网络基础设施，营造产业生态环境，深化各领域融合应用，全面开创5G发展新局面。

书　名	发布时间	内　容
《5G 承载需求白皮书》	2018 年 6 月	提出和明确了 5G 承载关键性能、承载组网及功能等需求，为后续 5G 承载技术、路线选择、相关国际标准推动、关键承载设备研发及产业发展等奠定基础。
《5G 应用创新发展白皮书》	2019 年 11 月	聚焦全球及我国 5G 融合应用发展态势，提出 5G 融合应用 "3+4+X" 体系和 5G 应用评估体系。并对 5G 十大重点应用领域进行深度分析，提出我国 5G 融合应用发展建议。

资料来源：本研究整理。

设备商方面，设备端和终端的配合对产品的推广以及研发测试都具有重要意义，能提供端到端解决方案的公司将占领市场先机，而国内的华为与中兴则是世界上仅有的可以提供该解决方案的公司。除此之外，华为主导的 Polar 码成为了 5G 信令信道编码标准。这是我国在 5G 技术标准化方面的重大进展。

3.1.2 物联网

物联网在推动数字贸易智能化、社会进步的同时，也促进了社会变革和产能转型的产业革命，是数字贸易基础设施建设的重要部分。我国物联网的商业模式已在拓展，但物联网的法律法规亟需完善。物联网相关国际标准与规则由电气和电子工程师协会（IEEE）、3GPP 等组织，SigFox 等国际公司共同推进与制定。国内规则由物联网标准联合工作组制定。

3.1.2.1 物联网国外相关规则

物联网技术规则：

当前物联网技术存在碎片化的特点，采用的标准和技术多种多样，主要分成三大类，一是以自建立网络、小范围短距通信网络为主，主要技术包括 IEEE802.11ah（低频 WiFi）、Bluetooth 和 ZigBee；二是使用非授权频段做广域覆盖为主，主要技术包括：Sigfox、LoRa；三是运营商主导依托蜂窝技术，使用授权频段做广域覆盖，包括 NB-IOT 和 eMTC。

表3-5　物联网接入技术与标准

接入技术	采用标准	推动组织
IEEE802.11ah	802.11ah	IEEE
Bluetooth	蓝牙 5.0/5.1	蓝牙技术联盟
ZigBee	802.15.4	IEEE
Lora	LoRaWAN 通信协议	LoRa 联盟
SigFox	SigFox 标准	SigFox 公司
eMTC	--	3GPP
NB-loT	NB-loT 规范	3GPP

资料来源：本研究整理。

与短距离接入相比较，NB-IoT/eMTC 在覆盖范围（根据信道环境不同1KM-10KM 比 10M-100M）和电池寿命（10年比1天到1月）、移动性和 QoS 方面有绝对的优势；与其他广域覆盖技术相比，NB-IOT 也要比 LoRa 电池寿命长一倍以上，移动性也更好；与 Sigfox 相比，NB-IOT 依托的产业联盟更为强大。综上所述，在技术上环节上 NB-IoT/eMTC 的组合综合实力优于其他对手。

表3-6　通信技术对比

通信技术	802.11ah	ZigBee	蓝牙	NB-loT	LoRa	SigFox	eMTC
工作范围	100M	100M	10M	1KM-10Km			
速率	144Mbps	250Kbps	22Mbps	20Kbps	10Kbps	100Kbps	1000Kbps
电池寿命	1天	数月	数天	约10年	3—5年	约10年	约5—10年
模组成本	20元	20元	10元	35元	45元	30元	60元
安全性	低	中	中	高	中	中	高

资料来源：天风证券研究所。

美国物联网战略：

美国非常重视物联网的发展，将物联网和新能源等同，视为美国振兴经济的核心武器。国家情报委员会（NIC）发表的报告将物联网列为六种关键技术之一。在国家层面，美国致力于信息化战略部署，推进信息技术领域的企业重组，力图完全控制下一代互联网（IPv6）的根服务器，并在全球推行 EPC 标准体系，试图主导全球物联网的发展，保证美国在全球上的信息控制地位。

欧盟物联网战略：

欧洲不甘于始终作为美国的追随者。为了推动物联网的发展，欧盟专门成立欧盟物联网研究项目组，致力于物联网标准化相关研究。欧盟委员会密集发布物联网政策，提出在智能基础设施发展上领先全球的愿景。欧盟除启动了90余个研发项目提高网络智能化水平外，还设立了3亿欧元专款，支持物联网相关公司合作短期项目建设。

日韩物联网战略：

日本是第一个提出泛在战略的国家。2009年提出的 I–Japan，强化了物联网在交通、教育、医疗等领域的应用，体现了日本在物联网发展方面与欧美国家一争高下的决心。日本建立的 UID 体系在其国内发展良好，正大力向其他国家推广。

韩国希望通过构建物联网，达到4S——安全（Safe）、智能（Smart）、强大（Strong）、永续（Sustainable）Korea 目标。围绕这个目标，韩国制定了四大发展战略和十二个执行课题，试图通过十二个执行课题推动形成国内物联网产业的良性循环。

表3–7　发达国家相关物联网战略比较

	美国	欧盟	日本	韩国
构建物联网基础设施	涉及	涉及	涉及	涉及
发展物联网服务	涉及	涉及	涉及	涉及
研发物联网技术	涉及	涉及	涉及	涉及

	美国	欧盟	日本	韩国
营造物联网扩散环境	涉及			涉及
主导物联网发展	涉及		涉及	

资料来源：本研究整理。

3.1.2.2 物联网国内规则

2010年6月，由19家现有标准化组织联合发起成立了物联网标准联合工作组。该联合工作组坚持开放兼容与自主创新相结合的标准战略，致力于推动我国物联网国家标准体系的构建以及相关标准的制定，同时积极参与相关国际标准的编制。该联合工作组的主要工作成果为《物联网系统评价指标体系编制通则》等3项物联网基础共性国家标准。该标准在2019年1月1日正式实施。

技术层面，NB-IOT、LoRa是国内主要发展的物联网LPWA技术。NB-IOT自提出以来备受国家及运营商的青睐，工信部明确要求到2020年基站规模要达到150万，连接数要超过6亿。三大运营商自2017年便积极部署NB-IOT网络，目前已基本实现全国覆盖且还在不断建设之中。并且随着广电、铁塔及互联网巨头腾讯、阿里相继加入LoRa阵营，无疑又为LoRa在国内的发展注入了一支"强心剂"。

表3-8　国内主要网络制式对比

网络制式	建设者	建设和运营成本	覆盖范围	用户数据保密性
NB-loT	运营商	运营商承担建设成本，用户承担模组成本与网络租用成本。	优点：公用网络覆盖广，更适合数量分散、地域分布较广的终端商品。 缺点：覆盖深度不足	用户数据必须经过运营商，运营数据不可控，保密性存在问题。
LoRa	企业自建	企业承担网络建设成本、模组及后期运维成本。	优点：按需自建，覆盖质量可控。 缺点：覆盖范围广度不够	用户数据掌握在用户手中，保密性高。

资料来源：艾瑞市场咨询。

表 3-9　中国物联网发展相关政策

部门	时间	规则条例
国务院	2013 年 2 月	《国务院关于推进物联网有序健康发展的指导意见》
国家发改委	2013 年 9 月	《物联网发展专项行动计划（2013—2015）》
工信部	2017 年 1 月	《物联网"十三五"规划》
工信部	2017 年 6 月	《关于全面推进移动物联网（NB-IOT）建设发展的通知》
工信部	2018 年 5 月	《物联网安全白皮书》
工信部	2018 年 12 月	《车联网（智能网联汽车）产业发展行动计划》

资料来源：本研究整理。

3.1.3 数据中心

在国家政策支持的大背景下，随着客户需求的日益增长，全国数据中心行业蓬勃发展，体现在持证企业数量增加、能效水平提高、市场规模不断扩大等方面。建设数据中心，不但可以为经济增长提供更高的动能，还可以创造数字贸易市场，具有重大战略意义。数据中心相关国际规则主要依据为美国标准 TIA-942《数据中心的通信基础设施标准》。数据中心相关国内规则主要依据为《电子信息系统机房设计规范》。

3.1.3.1 数据中心国际相关规则

国际数据中心标准：

数据中心里，主机设备、数据备份设备、数据存储设备、高可用系统、数据安全系统、数据库系统、基础设施平台等综合建设和运营均逐步向专业化发展。2005 年数据中心的国际级标准建立。

根据美国标准 TIA-942《数据中心的通信基础设施标准》，考量基础设施的"可用性"、"稳定性"和"安全性"，将 IDC 分为四个等级：Tier1，Tier2，Tier3，Tier4。TIA-942 目前已成为通信与信息行业建设数据中心的国际标准。目前已有数十个国家的新建机房和既有机房采用 TIA-942 作为标准化准则（见表 3-10），承认基于此标准的数据中心评鉴等级。包括英国、美国、加拿大、意大利等国家。

表3-10　TIA-942标准确立的机房等级

机房等级	Tier1	Tier2	Tier3	Tier4
可用性（%）	99.671%	99.749%	99.981%	99.995%
冗余接入运营商	否	否	是	是
发电机规格	满足计算机和电信	满足计算机和电信	满足计算机和电信并+1备用	全建设负荷+1备用
冗余主干路径	没有，N	没有，N+1	有，N+1	有，2（N+1）
建设周期（月）	3	3—6	15—20	15—20
平均每年宕机时间（小时/年）	28.8	22.0	1.6	0.4

资料来源：华创证券。

数据中心是大数据的基础设施，全球不同经济体都针对大数据提出了相关的战略。

美国大数据战略：

2012年3月，美国政府推出"大数据研究和发展倡议"，具体关于大数据战略的表述如下："通过收集、处理庞大而复杂的数据信息，从中获得知识和洞见，提升能力，加快科学、工程领域的创新步伐，强化美国国土安全，转变教育和学习模式"。作为对该倡议的响应，同年5月，奥巴马政府发布了"构建21世纪数字政府"战略规划，推进政府自身的公共数据公开。2015年3月，美国政府发布了关于政府网站的数字化分析仪表盘，目的是协助公众实时了解美国政府网站提供的社会公共服务。

欧盟大数据战略：

区别于一般实体国家，欧盟制定大数据战略的出发点更偏向于技术导向的数据共享，期望借此消除成员国之间的信息屏障。2010年11月，欧盟通信委员会向欧洲议会提交了相关研究报告，开始围绕开放数据制定大数据相关战略。2011年底，欧盟数字议程采纳了这些提案，正式作为"欧盟开放数据战略"部署实施。该战略的核心在于消除成员国之间的信息屏障，通过数据处理、共享平台和科研数据基础设施建设，实现成员国之间无障碍信息共享。

日韩大数据战略：

2010年5月，日本政府发布了以加强地区间互助关系、实现国民本位等为目标的《信息通信技术新战略》。围绕上述目标，日本总务省于2012年7月发布"活跃ICT日本"新综合战略，侧重于以技术革新发展大数据。在应用上，日本的大数据战略已经发挥了显著作用，尤其是协助解决抗灾救灾等公众问题。

韩国多个部门都曾提出具体的大数据计划。包括2011年的"大数据中心战略"，2012年的"大数据未来发展环境战略计划"以及"培养大数据、云计算系统相关企业1000个"的国家级大数据发展计划。多项具体发展战略通过《第五次国家信息化基本计划》落实到生产层面。

3.1.3.2 数据中心国内相关规则

按照我国《电子信息系统机房设计规范》（GB50174-2008），可根据使用性质、管理要求及其在经济和社会中的重要性将数据中心划分为A、B、C三个等级。

表3-11　国内数据中心评级

机房等级	A（对应T4，T3）	B（对应T2）	C（对应T1）
机房专用空调	N+X 冗余	N+1 冗余	N
冷冻机组、冷却水泵、冷却塔	N+X 冗余	N+1 冗余	N
变压器	2N	N+1	N
不间断电源系统配置	至少 2N	N+1	N

资料来源：华创证券。

对比国内外标准，国外对建设周期指标有明确要求，国内标准则不存在；国外对变压器规格、空调规格没有明确要求。

表3-12　国内外数据中心标准对比

标准对比	可用性	发电机规格	空调规格	建设周期	变压器规格
国内数据中心标准	涉及	涉及	涉及	不涉及	涉及
国外数据中心标准	涉及	涉及	不涉及	涉及	不涉及

表3-13　中国数据中心发展相关政策

部门	时间	规则条例
工信部	2011 年 11 月	《关于进一步规范因特网数据中心业务和因特网接入服务业务市场准入工作的通告》
工信部	2013 年 1 月	《关于数据中心建设布局的指导意见》
工信部、国家机关事务管理局、国家能源局	2015 年 3 月	《关于国家绿色数据中心试点工作方案》
国务院	2015 年 8 月	《促进大数据发展行动纲要》
工信部、财政部、国土资源部、环境保护部和商务部	2016 年 6 月	《关于深入推进新型工业化产业示范基地建设的指导意见》
住房城乡建设部	2017 年 5 月	《数据中心设计规范》
工信部	2017 年 8 月	《关于组织申报 2017 年度国家新型工业化产业示范基地的通知》

资料来源：本研究整理。

3.2 跨境数据流动

3.2.1 跨境数据流动的内涵

3.2.1.1 定义与特征

数据跨境流动，指的是通过各种技术手段，实现数据跨越国境或者地理疆域的流动。《数据全球化：新时代的全球性流动》报告曾指出，"数据流动对全球经济增长的贡献已经超过传统的跨国贸易和投资，不仅支撑了包括商品、服务、资本、人才等其他几乎所有类型的全球化活动，并发挥着越来越独立的作用，数据全球化成为推动全球经济发展的重要力量。"

随着数据化进程的不断深入，数据跨境流动也慢慢发展为全球政治和经济社会核心研究问题之一。政治层面上，政府国际安全、隐私保护等问题一直被密切关注，这也成了国家间"信任"的衡量标准之一；经济层面上，国家间的合作与保护逐渐影响着各国贸易等产业的战略与分工；社会层面上，数据流动带来的网络安全隐私也逐步引发各种社会性话题。

3.2.1.2 重要议题

数据本地化与个人数据流动是跨境数据流动中较为重要的议题。

（1）数据本地化

由于数据跨境自由流动会削弱数字经济规制，各国大多采用数据本地化的措施，确保本国数据的安全。目前在流动规则的制定上，数据本地化措施可大致分为原则和例外两类，其中，禁止数据出境、在本地储存和处理数据等构成基本原则，而出口数据需经数据主体同意方可构成例外。

由于各国具体情况不一，规制目标和数据保护标准不同，数据本地化措施呈现出多样化的特点。总体来看，一部分国家以保护主题隐私安全为主，例如澳大利亚、欧盟等；另一部分国家的措施则更加广泛细致，涉及了国家安全、法律执行的事项，在其中我国相关法律的制定最为典型。

（2）个人数据跨境流动

欧盟和美国出于各自的历史传统和现实诉求，创建了个人数据跨境流动规制的两大立法范式，这两大范式之间既相互竞争，又相互妥协和融合，构成了国际个人数据跨境流动规则制定的基本格局。

欧盟制定了严格限制个人数据跨境流动的规制体系。欧盟关于个人数据跨境流动规制的立法体系主要是由 1981 年欧洲理事会的《公约》、

1995 年的《欧盟指令》和 2016 年的欧盟《条例》三个标志性法律文件构成。三个文件对个人数据跨境转移的限制越来越严格，反映了欧盟希望通过立法的不断完善保障欧洲共同体整体数据保护水平的诉求，也反映了欧盟希望通过构建"数字单一市场"从而提升数字经济竞争力的愿望。美国则以双边或多边协议强化数据跨境的规制体系为主。基于其信息产业的优势地位以及对数据自由流动的依赖性，美国通过以下方式促进数据传输资格：①与欧盟签订双边协议，为企业获得数据跨境传输资格。②借助亚太区域经济合作推广自身模式，争取数据跨境领域的话语权。不同于欧盟主要规则制定的方式，美国的方式更加灵活弹性。

表3-14　欧盟美国跨境数据流动核心议题对比

比较项目	欧盟	美国
数据本地化	保护主义	较为弹性
个人跨境数据流动	立法为导向	通过协议与合作争取话语权

3.2.2 跨境数据流动国外相关规则和标准

3.2.2.1 重要国家地区相关规则特点与比较

表3-15　重要国家相关规则比较

	美国	欧盟	新加坡	日本	印度
战略核心	以维护产业竞争优势为特点	数字化单一市场战略	建设亚太地区数据中心	与欧盟、APEC机制对接	实施数据本地化政策
立法形式	独立	独立	较为独立	参考欧盟	参考欧盟
管理形式	弹性	固定严格	弹性	较为严格	弹性
是否实施保护主义	否	是	否	是	是
是否构建"白名单"	是	是（成员国间）	是	否	否（分级管理）
是否实时数据分级管理	是	否	否	否	是

美国：首先，以保护产业竞争优势的方式，对跨境数据流动进行限制。主张个人数据自由流动，同时利用自己的通信/信息产业上的优势，引导全球数据流向。其次，美国制定了《管控非秘信息清单（CUI）》。根据美国总统签署的13556号行政令要求，由美国档案局牵头，各相关政府部门协同参与梳理形成CUI，其中规定了将信息、统计、税收等17个门类作为重要数据，采取较为严格的特殊管理措施。

欧盟：统一实施数字化单一市场战略。欧盟内部为消除数据自由流动障碍，采取了统一的《数字化单一市场战略》。它将28个成员国的市场统一成一个单一化的市场。成员国之间相关机构能够及时获取数据，专业用户能够自由迁移数据，消除了成员国间的管制壁垒。

新加坡：建设亚太地区数据中心，积极参与合作机制。新加坡加入了亚太经合组织主导的跨境隐私规则（CBPR）体系。加入的企业可以互相、自由传输数据。与欧盟类似，新加坡也规定了数据传输要求，禁止向数据保护水平低的国家转移数据，并立法详细规定传输要求。

日本：日本在立法形式上参考了欧盟的做法，主要着眼于构建数据自由流动规则。通过《个人信息保护法》详细规定了三种向境外转移个人数据的合法方法：（1）事先征得个人同意；（2）转移的目的国是个人信息保护委员会认可的、具有和日本同样保护水平的国家（白名单国家）；（3）接受数据的海外企业依照个人信息保护委员会的要求建立了保护数据的完善体系，能够为数据提供有效保护。虽然形式上参考了欧盟，但日本的规则为数据跨境自由流动提供了更多空间。

印度：实施数据本地化政策，并对个人数据分级。印度通过数据本地化一方面促进了数据经济的繁荣，另一方面保护了数据安全。印度将个人数据分为三种类型：一般个人数据、敏感个人数据和关键个人数据，分别制定不同的规则限制流动。这种分级管理的方式，使得数据流动管理更加弹性高效，又可以达到不同的数据本地化要求。

3.2.2.2 重要国家跨境数据流动国际规则具体内容

随着数字化进程的加快，各国都在不断整理和完善相关法律和规则。美国以《管控非秘信息清单》为核心，制定较为弹性的、以合作协定为主的规则；欧盟以《数字化单一市场战略》为核心，建立起较为单一的、统一的规则模式；新加坡以《跨境隐私规则（CBPR）》为核心，加入了亚太经合组织主导的跨境隐私规则体系；日本借鉴了欧盟的模式，同时加入《补充规则》；印度以《个人数据保护法草案2018》为核心严格实施本地化路线；俄罗斯则实施较为严格的保护主义。

表3-16　部分国家跨境数据流动国际规则

国家	政策和规则	内容
美国	《外国投资风险审查现代化法》	扩大了"涵盖交易"的范围，将涉及所谓"关键技术"、"关键基础设施"的公司以及外国人对保存或收集美国公民敏感个人数据的公司所进行的非控制性、非被动性投资都纳入其审查范围。
	《管控非秘信息清单》	详细列出了农业、受控技术信息、关键基础设施、应急管理、出口控制、金融、地理商品信息、信息系统漏洞信息、统计、税收等17个门类。这类数据可被视为美国政府识别的"重要数据"，采取较为严格的管理措施。
	《澄清境外数据的合法使用法案》	扩大了美国执法机关调取海外数据的权力，为美国政府与其他国家签订双边条约设定了具体路径，允许有资格的外国政府执法机构调取美国存储的数据。
	《电子通信隐私权法》	解决现代通信设备产生的个人隐私权问题，是处理互联网隐私保护的重要法案。
	《个人数据保护指令》	确立了个人数据的禁止转移原则，除非目的国能达到欧盟认可的充分保护水平。
欧盟	《数字化单一市场战略》	消除成员国数据保护规则的差异性
	《一般数据保护条例》	通过GDPR在成员国层面的直接适用，消除成员国数据保护规则的差异性，实现个人数据在欧盟范围内的自由流动。

国家	政策和规则	内　容
	《非个人数据在欧盟境内自由流动框架条例》	致力于消除各成员国的数据本地化要求，确保成员国和相关权力机关能够及时获取数据，保障专业用户能够自由迁移数据
	《充分性规则》	给出了数据跨境自由流动白名单国家
	《约束性公司规则（BCRS）》	规定遵守适当保障措施条件下的转移机制
	《电子证据跨境调取提案》	规定欧盟将不以数据存储位置作为确定管辖权的决定因素，只要同时满足规定条件，欧盟成员国司法当局可直接向为欧盟境内提供服务的服务提供商要求提交电子证据
新加坡	《跨境隐私规则》	新加坡加入了亚太经合组织主导的跨境隐私规则体系，成员国之间可传输数据。
日本	《个人信息保护法》（APPI）	2003 年制定，2015 年修改。
	《补充规则》（Supplementary Rules）	积极对接欧盟的数据保护规则，弥补欧盟和日本在数据保护规则上的差异
印度	《印度电子商务国家政策框架草案》	明确印度将会逐步推进数据本地化政策，要求建立数据中心
	《电子商务框架草案》	列出部分数据本地化的豁免情形
	《个人数据保护法草案 2018》	印度将个人数据分为三种类型，一般个人数据、敏感个人数据和关键个人数据，针对三种数据类型，实施不同的数据本地化和跨境流动限制
俄罗斯	《联邦数据保护法》	承认加入"108 号公约"的国家为个人数据提供了充分的保护

资料来源：公开资料整理。

3.2.3 跨境数据流动国内相关规则和标准

目前，我国跨境数据流动管理制度还在逐步建设和完善中。国家正在逐步加快立法构建个人信息和重要数据的出境管理框架。

《网络安全法》对关键信息基础设施数据提出了出境安全评估要求。作为基础性文件，其后的相关部门通过规章或规范性文件等不断完善和建设我国数据跨境流动政策和体系。《网络安全法》对基础设施数据处境提出了安全评估办法和数据处境管理方式。2021年6月审议通过的《数据安全法》中的第七条，明确指出要鼓励数据依法合理有效利用，保障数据依法有序自由流动。随后，中华人民共和国国家互联网信息办公室在2019年公布了《个人信息和重要数据出境安全评估办法》（征求意见稿）、《网络安全审查办法（征求意见稿）》《数据安全管理办法（征求意见稿）》、《个人信息出境安全评估办法（征求意见稿）》。沿着上述规定，行业内重要部门率先展开数据出境管理，并不同程度上对数据本地化提出了要求。

表 3–17 跨境数据流动国内规则

政策和规则	内容	分析
《网络安全法》	对关键信息基础设施的运营者在中华人民共和国境内运营中收集和产生的个人信息和重要数据提出了出境安全评估要求	国家加快立法构建个人信息和重要数据的出境管理框架，引导行业内重要数据率先开展数据出境管理实践
《数据安全法》	国家保障数据依法有序自由流动，规范数据交易秩序	
《深圳经济特区数据条例（征求意见稿）》	规范数据处理活动，保护自然人、法人和非法人组织的数据权益，促进数据资源开放流动和开发利用	
《个人信息和重要数据出境安全评估办法（征求意见稿）》	提出在我国境内运营中收集的数据需进行安全评估，加强了出境数据非法利用的限制	
《网络安全审查办法》		
《个人信息出境安全评估办法（征求意见稿）》		
《网络安全审查办法（征求意见稿）》		
《关于银行业金融机构做好个人金融信息保护工作的通知》	规定"在中国境内收集的个人金融信息的存储、处理和分析应当在中国境内进行。"	

资料来源：公开资料整理。

3.3 电子签名与认证

3.3.1 电子签名与认证内涵

计算机与互联网的发展为社会带来了巨大的经济利益和新的经济形态。电子商务的发展在促进经济增长、便利生活方式的同时也对原有法律制度带来了新挑战，网络交易欺诈、数据电文篡改损毁等违法犯罪行为损害了消费者利益、阻碍了电子商务的发展，因此，研究并制定专门针对电子商务及相关一切网络活动的法律是必要的。

其中重要的一项就是规范电子签名与认证，电子签名与认证是电子商务得以实际应用的重要保障。电子签名（Electronic Signature）是指数据电文中以电子形式所含、所附用于识别签名人身份并表明签名人认可其中内容的现代认证技术。电子签名并非图像化的书面签名，而是一种电子代码，除了可以验证签名人的身份，还能验证出原文件在传输过程中有无篡改痕迹，保证了电子信息的真实性与完整性。可靠的电子签名与手写签名或盖章具有同等的法律效力。美国是世界上最先授权使用电子签名的国家，率先提出电子签名与传统签字具有同等效力。电子认证（Electronic Authentication）是采用以数字证书技术为核心的检验用户合法性操作行为的电子加密技术，目的是通过 CA 机关辨别和认证公共密钥、跨国认证、佐证密钥申请人的资信状况等，从而保证电子文件交易环境的安全性和真实性。

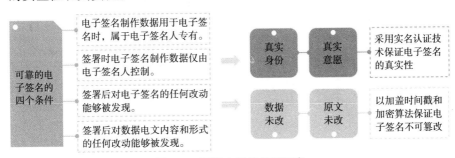

图3-3　可靠电子签名四要素

资料来源：艾瑞咨询研究院。

规范电子签名与认证，关键在于确立适应电子商务环境的立法和技术标准。国内外对电子签名与认证的立法，主要从以下六个内容入手：（1）定义；（2）法律效力；（3）立法模式；（4）适用范围；（5）认证机构管理及认证程序；（6）电子签名所需技术条件。

3.3.2 电子签名与认证的国外相关规则和标准

3.3.2.1 国际协定中关于电子签名与认证的相关规则和标准

电子签名与认证是国际经贸协定中比较常见的一条规则，最早出现在新加坡和澳大利亚在2003年2月签署的自由贸易协定（Free Trade Agreemant，FTA）中，随后跨太平洋伙伴关系协定（Trans-Pacific Partnership Agreement，TPP）及中国、美国、日本、韩国等国签署的FTA中都有规定。各FTA规则内容主要包括以下五点：（1）明确电子签名与认证定义；（2）承认电子签名的法律效力；（3）要求电子交易当事人有权共同决定认证方式并可以针对特定交易类型做出具体约定；（4）促进缔约国之间电子签名和认证的互认；（5）鼓励数字证书在商业领域的应用。需要说明的是，各国之间的FTA关于"电子签名与认证"的提法不尽相同，其中中国、美国与其他国家的FTA以数字证书代替电子签名，事实上数字证书是电子签名的一种形式，电子签名较数字证书范围更广。表3-18为典型FTA中关于电子签名与认证的规则。

表3-18　典型FTA中关于电子签名与认证的规则

协定名称	条例	具体内容
《跨太平洋伙伴关系协定》	14.6	1.除其法律另有规定的情况下，缔约方不得仅因为签名属于电子形式而否认其法律效力。 2.缔约方不得对电子认证采取或维持以下措施：a.禁止电子交易的当事方就该交易共同决定适当的认证方法；b.阻止电子交易当事方行使向司法或行政机关证明其交易符合有关认证法律要求的权力。 3.尽管有第2款规定，缔约方仍可针对特定交易种类，要求认证方必须符合特定功能标准，或经依法授权机构认证。 4.各缔约方应鼓励使用可交互操作的电子认证

续　表

协定名称	条例	具体内容
《美国—韩国自由贸易协定》	15.4	1.任何一方都不得采用或主张有可能导致以下情况的电子认证立法：a.禁止电子交易的双方共同确定适合该交易的认证方法；b.阻止电子交易的各方向司法或行政机构证明其交易符合与认证相关的任何法律要求；c.仅因签名为电子形式拒绝其法律效力。 2.尽管有第1款的规定，但一方仍可要求，对于特定类别的交易，认证方式可符合某些功能标准，或经依法授权的机构认证，只要满足以下条件：服务于合法的政府目标且与实现这一目标有实质关系
《日本—瑞士贸易和经济合作伙伴协定》	72；78	第72条明确了电子认证和电子签名的定义：电子认证是指一项来证明用户已经完成电子签名的事项与该用户有关的电磁记录。电子签名是指采取的一种可以将信息存储在电磁介质中的措施，且同时满足以下两项要求：a.该措施表明采取该措施的人已经审核过该信息；b.该信息没有被修改过。 第78条规定了电子签名和认证服务： 任何一方都不得采用或主张有可能导致以下情况的电子认证立法： a.阻止电子交易方为了该交易，或为与该交易极其相关的电子信息而共同确定适当的电子签名方式；b.阻止电子交易方在法院证明该电子交易，或与交易极其相关的电子信息符合与电子签名相关的所有法律要求；c.阻止电子交易方选择解决交易纠纷的法院或法庭。 尽管有第1款的规定，但一方仍可要求，对于特定类别的交易或与交易极其相关的电子信息，电子签名应符合某些功能标准，或基于特定电子认证服务供应商签发的证书，或满足该方的法律法规，但是要符合以下要求：服务于合法的政府目标且与实现这一目标有实质关系。 如果任何一方的法律法规不允许以电子形式进行交易，那么该条内容不适用。 任何一方均应根据其有关电子签名和认证服务的立法努力促进认证程序发展，以及承认已经取得另一方立法认可的认证服务提供者
《中国—澳大利亚自由贸易协定》	6	1.各方的电子签名法律应允许：a.电子交易相关方共同决定符合其约定的电子签名和认证方式；b.电子认证服务提供者（包括机构）向司法部门或行政机构证明其电子认证服务遵守法律中关于电子认证的规定。 2.各方应致力于数字证书和电子签名的互认。 3.各方应鼓励数字证书在商业领域的使用

续　表

协定名称	条例	具体内容
《中国—韩国自由贸易协定》	13.4	1. 任何一方采纳或实施的电子签名法律，不得仅基于签名是电子形式而否认其法律效力。 2. 各缔约方实施的国内电子签名法律应允许：a. 电子交易双方共同确定合适的电子签名和电子认证方法；b. 电子交易中的电子认证机构有机会向司法或行政主管部门证明其对电子交易的电子认证符合法律对电子认证的要求。 3. 各缔约方应努力使数字证书和电子签名实现互认。 4. 各缔约方应鼓励数字证书在商业部门中的应用

资料来源：公开资料整理。

　　面对电子商务这一具有全球性的广阔市场，全球规则滞后成为制约电子商务发展的重要问题。目前，区域贸易协定正在引领电子商务规则的制定，向 WTO 报送的区域贸易协定中约有30%包含电子商务条款，国际新规则的制定迫在眉睫。2019年1月，76个 WTO 成员参与在瑞士达沃斯举行的电子商务非正式部长级会议，正式签署关于电子商务的《联合声明》，各成员明确表示有意向参与与贸易有关的电子商务议题谈判。中国、美国、加拿大、日本、新加坡等主要成员国提交了各自的提案，对于电子签名和认证方面的提案具体涉及内容如表3-19。

表3-19　WTO 电子商务规则关于电子签名与认证的提案

		中国	美国	欧盟	加拿大	日本	新加坡
电子签名	承认法律效力	涉及		涉及		涉及	涉及
	选择权	涉及					
	技术不设限			涉及			
电子认证	成员国相互承认	涉及		涉及		涉及	涉及
电子合同	承认法律效力	涉及		涉及		涉及	
	选择权	涉及					
	法律适用性	涉及					

3.3.2.2 国际关于电子签名与认证的立法概况

电子签名法源于美国，为了规范电子签名活动的行为，保障电子交易的安全性及各方合法权益，促进电子商务向好发展，目前已经有60多个国家和地区通过了电子签名立法并不断完善。表3-20为部分国家和地区关于电子签名与认证的立法。

表3-20 部分国家和地区电子签名与认证的立法

国家或地区	法律名称	立法时间
意大利	《数字签名法》	1997
德国	《数字签名条例》	1997
马来西亚	《数字签名法》	1998
新加坡	《电子交易法》	1998
	《电子交易认证机构规定》	1999
澳大利亚	《电子交易法》	1999
韩国	《电子商务基本法》	1999
哥伦比亚	《电子商务法》	1999
欧盟	《关于建立电子签名共同法律框架的指令》	1999
美国	《统一电子交易法》	1999
	《全球和国内商业法中的电子签名法案》	2000
芬兰	《电子服务管理法》	2000
西班牙	《电子签名与记录法令》	2000
日本	《电子签名及认证业务的法律》	2000
	《电子签名法的实施》	2000
	《基于商业登记的电子认证制度》	2000
英国	《电子通信法》	2000
加拿大	《电子信息和文书法》	2000

资料来源：公开资料整理。

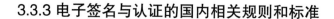

3.3.3 电子签名与认证的国内相关规则和标准

3.3.3.1 我国关于电子签名与认证的立法概况

我国电子签名与认证法律和制度的建立相比其他发达国家起步较晚，但随着我国电子商务和电子交易的迅速发展以及经济全球化的趋势，我国于2004年8月28日颁布了《中华人民共和国电子签名法》（以下简称《电子签名法》）。《电子签名法》重点解决了以下六个方面的问题：（1）确立电子签名的法律效力；（2）明确认证行政许可的实施主体是国务院信息产业主管部门；（3）规范电子商务交易双方在电子签名中的权力、义务和行为；（4）明确认证机构的法律地位及认证程序，并设置认证机构市场准入条件和行政许可的程序；（5）规定电子签名的安全保障措施；（6）明确电子签名所需要的技术、条件以及"技术中立"原则。

《电子签名法》是我国首部信息化法律，也是管理电子签名、电子合同和电子认证服务的基本法律依据。《电子签名法》颁布后，信息产业部、国家密码管理局根据该法，分别制定了《电子认证服务管理办法》和《电子认证服务密码管理办法》，对电子认证服务机构的设立、管理等做出了相关具体规定。《电子签名法》及其相配套的两个管理办法，确立了电子认证服务的市场准入制度、电子认证业务规则备案制度、电子认证服务业务承接制度和电子签名安全保障制度。

3.3.3.2 国内外立法比较

《电子签名法》在顺应我国实际国情的基础上充分学习借鉴了联合国《电子签字示范法》和其他国家的立法。国内外立法主要在电子签名的定义、立法模式、认证机构的管制等方面有所不同。图3-4为国内外电子签名关键因素立法比较。

（一）电子签名的定义

电子签名是立法内容的首要概念。相比国外立法，我国《电子签名法》只规定了"所含""所附"两种形态的电子签名，没有"逻辑相连"式的电子签名。

（二）电子签名立法模式

国际上的电子签名立法分为三种不同的立法模式：技术特定、技术中立和折中型技术中立。技术特定模式规定了电子签名的技术规则和法律效果，着重于技术的应用，从目前来看主要将数字签名技术作为电子签名的法定技术；技术中立模式不规定具体的技术方案，而是对广义范围的电子签名给予相同标准的法律确认，注重修改交易规则，将具体技术交由市场和用户选择；折中型技术中立模式则是对前二者的折中调和，对电子签名作出特别规定，在确保法律可靠性和安全性的同时不排斥其他形式的电子签名。

（三）电子签名认证机构的管制

电子签名认证机构作为独立的第三方，为电子交易各方提供信用，是电子签名行为能够正常、有序、规范进行的重要组成部分，因此电子签名认证机构的资格、权力、义务以及由谁管理都是电子签名法律需要解决的问题。从目前各国的电子签名法来看，在认证机构的选任、管理上有以下三种形式：（1）官方集中管理。政府依法授权其下属相关机构管理认证机构，颁发许可证，规定认证机构需具备的基础设施、经营范围以及从业人员的条件。（2）合同约束。政府仅确认电子签名的法律效力，由交易当事人自行选择认证机构和电子签名的技术。（3）行业自律。依法成立全国认证机构协会，负责电子认证行业的标准制定、修订与执行，会员则由政府主管机构和全国认证协会共同管理。

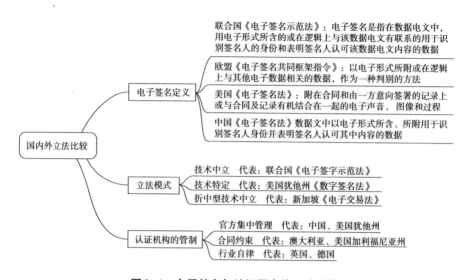

图3-4 电子签名与认证国内外立法比较

3.4 关税

3.4.1 关税的内涵

关税是指一国海关根据该国法律规定，对通过其边境的进出口货物征收的一种税。关税是由国家最高行政单位指定税率的高级税种，税收甚至是一些对外贸易发达的国家财政的主要收入来源，进出口商品都可由政府征收关税，但进口关税是主要的贸易措施。

数字贸易的发展对现今国际贸易产生了革命性的影响，传统国际货物贸易的关税需要遵守税收的一般原则，包括税收公平原则、税收法定原则、税收效率原则以及实质课税原则，全球的数字贸易在某种程度上破坏了这些关税原则，同时，数字贸易更多时候是利用互联网进行交易，不依托于有形载体，这也冲击了关税的征管。所以数字贸易的关税问题研究将会成为未来一段时间内数字贸易领域规则制定的焦点问题。

3.4.2 国外关税相关规则和标准

随着数字贸易进入发展的快车道，数字贸易中跨境电子商务的关税问题被各国密切关注。但是从1996年第一届在新加坡召开的WTO部长级会议首次正式提及电子商务问题开始，因各国基于各自的利益立场，WTO一直未对跨境数字商品的关税问题达成共识。目前对于跨境电子商务是否征收关税主要分为三派：以美国为代表的"免税派"，以欧盟为代表的"中立派"，以印度为代表的"征税派"。虽然目前WTO对于跨境电子商务的关税问题还未形成正式、永久的决议，但是1998年5月在日内瓦召开的WTO第二次部长会议上通过的《全球电子商务宣言》，明确了暂时对电子传输的交易不予征收关税，但此决议不是永久的，而要在WTO每届的部长会议上重新讨论此决议是否延期。目前各国对于电子传输交易的关税政策都遵守WTO的规则。

3.4.2.1 以美国为代表的"免税派"政策

美国数字贸易发展拥有巨大优势，是电子商务输出大国，一直主张推行电子商务零关税，主张通过关贸总协定对数字化商品进行规范，即将数字化商品归类于货物。"免税派"的成员还包括英国、德国、爱尔兰、日本、法国等其他数字化商品输出国。1997年美国总统克林顿发布《全球电子商务框架》，提出当通过互联网提供无形商品或服务时实行全部免税政策。1998年，美国正式向WTO提出议案，并在日内瓦会议上通过了《全球电子商务宣言》，明确宣布对电子传输（无形商品或网上服务等）不予征税。1998年，克林顿又颁布了《互联网免税法案》，规定在有效期内禁止各州和地方政府征收互联网接入服务税，也不对电子商务增加新的税种，法案认为各个国家应该支持跨境电子商务免征关税，此后在2001年、2003年、2007年，美国国会连续延长该法案的有效期。2016年，奥巴马签署了《2015年贸易便利化和贸易执法法案》，随后《互联网免税法案》正式成为法律。

此外，美国在与澳大利亚、智利、韩国、日本等国签订的双边自由贸易协定中也加入了电子商务专门的条款，对数字商品的定义进行界定，规定数字商品包括计算机程序、文本、图片、音频、视频和其他商品等。并且将其与"电子传输"的定义进行区分。电子传输是指使用电磁手段或光学手段进行传输的行为。其中规定，禁止对电子传输的数字商品征收关税及其他费用，而且在与韩国、澳大利亚等国的自由贸易协定中还规定，对通过有形物质承载的数字商品也不征收关税。另外，跨太平洋伙伴关系协定中也有专门的电子商务条款，遵循电子传输免征关税的原则。

对于有形货物，美国则规定个人货物价格上限为800美元，礼品包裹价格上限为100美元，在一天内收到的单个或多个包裹累计价值额未超过上限将免征关税，超出部分按商品类别、原产地及商品价值征收关税。

3.4.2.2 以欧盟为代表的"中立派"政策

欧盟成员国之间的经济发展水平有一定差距，整体发展数字贸易的优势不及美国，但是又比发展中国家发展水平高。因此，欧盟数字贸易关税政策比较保守，采取有限度的贸易自由化政策，坚持税收中立原则，认为数字化商品适用于服务贸易总协定，将其归类于服务。在数字贸易发展初期，为了保持数字贸易的发展活力，欧盟的关税政策和美国基本相同，即免征关税。1998年6月，欧盟公布《关于保护增值税收入和促进电子商务发展的报告》，报告中明确表示对跨境电子商务中的数字商品（线上销售的电子数字化商品）免征关税，但是认为可以征收增值税。随后，为了减弱电子商务零关税制度下由美国对欧洲市场的冲击带来的利益损失，2000年6月欧盟又颁布了《电子商务指令》，宣布仍然不对跨境电子商务征收关税，但是对于欧盟境外的企业向欧盟境内通过互联网销售达到10万欧元以上的商品销售额征收国内增值税；2003年正式实施的《增值税指导》法案提出非欧盟企业需要对销售到欧盟境内的商品缴纳增值税，而欧盟境内企业对于销售到欧盟境外的商品不用缴纳增值税；2015年欧盟开始实施《欧盟增值税新规》，宣布按照"消费地原则"征收增值税，即增加了电子商务的征税范围；2016年12月，欧盟公布《增值税规范化新法案》，法案规定电子书与普通书籍应用相同的增值税征税规则，跨境卖家按照季度统一结算增值税。

对于有形商品，欧盟境内居民通过互联网平台进行消费，购买欧盟境内企业提供的商品，实施免征关税政策，只缴纳增值税。但欧盟境内居民借助于互联网购买欧盟境外企业提供的商品时，需要同时缴纳关税和增值税，根据商品在海关关税目录中的税率征收关税。

3.4.2.3 以印度为代表的"征税派"政策

由于发展中国家经济发展及计算机技术都落后于发达国家，主要是跨境电子商务商品的输入国，数字贸易起步晚，发展水平低，在数字贸易中处于劣势。为了维护本国利益，发展中国家一般主张对跨境电子商务征收关税，所以倾向于通过服务贸易总协定把数字化商品归类为服务，对本国数字化商品市场提供保护。以印度为例，1999年4月28日，印度政府发布了一项关于电子商务税收的规定：印度公司在境外利用互联网平台购买其他国家企业的商品或服务需要支付的款项来源于印度的特许权使用费，并且由印度当地的税务部门征收预提税。这一规定说明印度是对电子商务征税的国家。1999年12月WTO召开的西雅图会议上，美国提出的对电子网上交易永久性免税的提案——《全球电子商务免税案》遭到了包括印度在内的大多数发展中国家反对。但是发展中国家均同意《全球电子商务宣言》提出的各成员国之间不对电子传输商品征收关税，这一决议在之后的世界贸易组织部长级会议上获得通过。但决议中电子传输商品不包括通过互联网交易以实物运输的电子商务商品，即有形商品，而且决议中的税收仅仅针对关税。

对于有形商品，最惠国待遇是世界贸易组织条约中的一项重要条款，体现在关税方面即是最惠国税率。最惠国税率一般不得高于现在或将来来自于第三国同类商品所享受的关税税率。最惠国税率对于世界贸易组织成员国之间的贸易都是适用的。

3.4.2.4 经合组织的数字贸易关税政策

OECD 作为具有影响力的国际经济组织，对于制定税收政策具有丰富的经验。1998 年 10 月 OECD 召开渥太华部长会议，发布了《电子商务：税收框架条件》，提出了电子商务税收问题应该遵循的基本原则：中性、效率、确定与简化、有效及公平、灵活适应原则。基于数字商品出口国和进口国双方的利益，OECD 认为数字化商品不应被视为货物，而应该属于增值税规则下的服务，不应该征收关税。1999 年 OECD 召开巴黎会议，在会议上表示国家之间禁止对跨境电子商务征收关税，但是可以征收其他类型的税款。

表3-21 部分国家或组织数字贸易关税立场及规则

国家或组织	立场	立场原因	跨境数字化商品归类	时间	规则
美国	免税派	数字贸易发展水平高，电子商务输出大国	根据 GATT，归类为货物贸易	1997 年	《全球电子商务框架》
				1998 年	《全球电子商务宣言》
				1998 年	《互联网免税法案》
				2016 年	《2015 年贸易便利化和贸易执法法案》
欧盟	中立派	各成员国发展差距大，数字贸易相对于发展中国家有一定优势	根据 GATS，归类为服务贸易	1998 年	《关于保护增值税收入和促进电子商务发展的报告》
				2000 年	《电子商务指令》
				2003 年	《增值税指导》
				2015 年	《欧盟增值税新规》
				2016 年	《增值税规范化新法案》
印度等发展中国家	征税派	数字贸易发展水平较低，电子商务商品输入国	根据 GATS，归类为服务贸易	1999 年	《电子商务税收规定》
OECD	免征关税，可征收增值税	考虑电子商务输入国和输出国双方的利益	属于增值税规则下的服务	1999 年	《电子商务：税收框架条件》

资料来源：公开资料整理。

3.4.2.5 各国数字贸易关税规则对比

（1）数字化商品具备货物和服务双重属性，国际社会针对数字化商品分类问题有不同观点。

各国根据数字贸易发展水平，以本国利益为出发点，对于数字化商品分类态度不同。根据《关税及贸易总协定》（GATT），以美国为代表的国家将数字化商品归类为货物贸易。根据《服务贸易总协定》（GATS），以欧盟为代表的国家将其归类为服务贸易。根据《与贸易有关的知识产权协定》（TRIPS），印度尼西亚、新加坡和澳大利亚等国家将其归类为知识产权。

（2）在关税之外，不同的国家对于数字贸易征收了不同的税种。

世界各国对于数字贸易征税态度不同，目前在 WTO 框架下均对于数字化商品实行免关税政策。但是为了维持本国的税收收入，在关税之外，不同的国家对于数字贸易征收了不同的税种。美国仍致力于坚持对无形数字商品免征关税，并对每个州有形商品年销售额超过100万美元的网络零售商征收销售税。欧盟在数字商品关税问题上的立场是中间派，通过征收增值税来弥补税收。澳大利亚征收货物和劳务税，即对所有在澳大利亚境内货物和劳务的销售，主要包括不动产、无形资产、进口货物和劳务的销售，都征收货物和劳务税。印度目前对电子商务征税主要包括营业税和增值税，对 B2C 销售和出口销售征收营业税，但在 C2C 模式中对第三方平台征收服务税，对同一州内交易，按照增值税征收，对不同州之间交易，按照营业税征收。

（3）对于服务器是否构成常设机构，各国意见不同。

美国作为全球最大的技术出口国，为了维护其居民税收管辖权，认为服务器不构成常设机构。美国财政部认为服务器作为实体可以被安置在世界各个地方，而且还可以随时改变位置，所以服务器的功能和仓库相似，位置并不是应该关注的点。但是像澳大利亚这样的技术进口国却认为服务器构成常设机构。在亚洲，印度认为非居民企业设置在来源地国家的服务器可以构成常设机构。欧盟各成员国对常设机构的认定持不同的态度。法国认为在法国境内进行贸易的服务器可以构成常设机构。根据瑞典国家法律和相关税收条约，服务器可以被解释为常设机构。在某些情况下，根据意大利税务当局的案件处理意见，服务器可以作为物理性的存在构成常设机构。爱尔兰、葡萄牙和西班牙等其他欧盟成员国长期以来一直认为服务器不可以构成常设机构。

表3-22　部分国家数字贸易关税规则对比

要素	美国	欧盟	印度	澳大利亚
立场	免税派	中立派	征税派	免税派
数字商品分类	货物贸易	服务贸易	服务贸易	知识产权
数字贸易其他税收	销售税	增值税	营业税和增值税	货物和劳务税
服务器是否构成常设机构	不构成	各个成员国不统一	构成	构成

3.4.3　关税国内相关规则和标准

我国目前与关税有关的法律法规主要有1987年通过、2017年修订的《中华人民共和国海关法》，1994年发布的《中华人民共和国海关关于入境旅客行李物品和个人邮递物品征收进口税办法》，每年更新的《中华人民共和国海关进出口税则》；2003年发布、2016年最新修订的《中华人民共和国进出口关税条例》。海关总署关于跨境电子商务的关税征收，也制定了一些具体的规则；2014年，海关总署发布《对于跨境贸易电子商务进出境货物、物品有关监管事宜的公告》，公告表示对跨境电子商务征收关税；2016年财政部、海关总署、国家税务总局先后出台8份文件:《关于暂不予放行旅客行李物品暂存有关事项的公告》（2016年第14号）《关于调整进境物品进口税有关问题的通知》《关于启用新快件通关系统相关事宜的公告》（2016年第19号）、《关于跨境电子商务零售进口税收政策的通知》、《关于〈中华人民共和国进境物品归类表〉和〈中华人民共和国进境物品完税价格表〉的公告》（2016年第25号）、《关于跨境电子商务零售进出口商品有关监管事宜的公告》（2016 年第 26 号）、《关于公布跨境电子商务零售进口商品清单的公告》、《关于公布跨境电子商务零售进口商品清单（第二批）的公告》，有 4 份文件直接与跨境电子商务零售进口税收问题相关，另外四份文件是通过行邮渠道和跨境电子商务间接相关；2018 年 9 月 28 日财政部、税务总局、商务部、海关总署联合发布《关于跨境电子商务综合试验区零售出口货物税收政策的通知》；2018 年 11 月 29 日，财政部、海关总署、税务总局发布《关于完善跨境电子商务零售进口税收政策的通知》，调整了跨境电子商务的首次交易额和年度总交易额的限值。我国的数字贸易正稳步发展，成为跨境电子商务出口大国，但还不属于出口强国，所以我国的电子商务关税政策没有像发达国家过于宽松，也不会过于严苛。适合的关税政策既帮助我国充分参与到全球贸易的竞争，又保护了税收利益。

近几年我国针对跨境电子商务税收陆续出台了法律法规和政策，但是仅限于货物贸易，对于跨境数字商品征收关税却无法可依。因为对商品征税首先要确定商品属性，但是跨境数字商品属于货物还是服务在目前的法律法规中没有明确的规定。另一方面，在与其他国家的自由贸易协定中，我国对于数字商品实行的是 WTO 框架下的免征关税政策，比如《中国－澳大利亚自由贸易协定》中的具体规定为：各方应以与世贸组织 2013 年 12 月 7 日部长决定《关于电子商务的工作计划》（WT/MIN（13）/32–WT/L/907）第 5 条相一致的方式，维持不对双方之间电子交易征收关税的做法。各方保留根据《关于电子商务的工作计划》的任何进一步的世贸组织部长决定，对本条第一款提及的做法进行调整的权利。《中国—韩国自由贸易协定》中具体规定为：各缔约方保持目前在世界贸易组织的做法，不对电子传输征收关税。

表3-23　中国数字贸易关税规则条例

部门	时间	规则条例
全国人民代表大会常务委员会	1987 年	《中华人民共和国海关法》
国务院	2003 年	《中华人民共和国进出口关税条例》
海关总署	每年更新	《中华人民共和国海关进出口税则》
海关总署	1994 年	《中华人民共和国海关关于入境旅客行李物品和个人邮递物品征收进口税办法》
海关总署	2004 年	《对于跨境贸易电子商务进出境货物、物品有关监管事宜的公告》
财政部、海关总署、国家税务总局	2016 年	《关于暂不予放行旅客行李物品暂存有关事项的公告》（2016 年第 14 号）
		《关于调整进境物品进口税有关问题的通知》
		《关于启用新快件通关系统相关事宜的公告》（2016 年第 19 号）
		《关于跨境电子商务零售进口税收政策的通知》
		《关于〈中华人民共和国进境物品归类表〉和〈中华人民共和国进境物品完税价格表〉的公告》（2016 年第 25 号）
		《关于跨境电子商务零售进出口商品有关监管事宜的公告》（2016 年第 26 号）
		《关于公布跨境电子商务零售进口商品清单的公告》
		《关于公布跨境电子商务零售进口商品清单（第二批）的公告》
财政部、税务总局、商务部、海关总署	2018 年	《关于跨境电子商务综合试验区零售出口货物税收政策的通知》
财政部、海关总署、税务总局	2018 年	《关于完善跨境电子商务零售进口税收政策的通知》

资料来源：公开资料整理。

3.5 个人信息保护

3.5.1 个人信息的内涵

1968年的联合国"人权会议"首次提及了个人信息的概念。目前，对于"个人信息"，国内外学者及相关法律法规有"个人数据"、"个人隐私"等不同的表述，但本质内涵也都大同小异。表3-24总结了国内外的相关表述。

表3-24　国内外个人信息的内涵

国家或组织	时间	法律条例	个人信息内涵
美国	1974年	《隐私权法》	关于个人的一项或一组信息，包括但不限于其教育、经济活动、医疗史、工作履历等
日本	2005年	《个人信息保护法》	与个人有关的信息，比如姓名、生日以及其他一切能够用于识别某一特定个人的标识，如指纹、音纹或相片等
欧盟	2016年	《通用数据保护条例》	任何已识别或可识别的自然人（"数据主体"）相关的信息，比如姓名、身份编号、地址数据、网上标识
中国	2016年	《网络安全法》	能够单独或者与其他信息结合识别自然人个人身份的各种信息，包括但不限于自然人的姓名、出生日期、身份证件号码、个人生物识别信息、住址、电话号码等

资料来源：公开资料整理。

因此，可以看出个人信息可以概括为两种属性：自然属性和社会属性。自然属性主要指个人生理性信息；社会属性则是用来在社会中识别个人的信息，包括身份信息、网络痕迹等。

3.5.2 个人信息保护国外相关规则和标准

当下，全球范围内个人信息保护的发展模式大致可以概括为，欧盟模式、美国模式和日本模式。

（1）欧盟模式

欧盟模式是通过立法来进行个人信息保护，立法的范围包括：个人信息的收集、存储和利用，并在法律规则的基础上，设立监管部门来进行集中的监管。1995年通过的《个人数据保护指令》，规定了进入欧盟的外企在个人信息保护方面的范围和执行机制，欧洲也凭借该法律成为全球个人信息保护的典范。在欧盟内部，德国在个人信息保护方面的法律已比较完备，如1970年德国黑森州的《数据保护法》，从而在世界范围内为个人信息保护提供了新的立法角度。

（2）美国模式

美国是立法和行业规范相结合的模式，注重对单个自然人的隐私保护。1974年的《隐私权法》，是美国保障公民个人信息最重要的基本法律。随后，针对不同行业或人群又出台了相应法律，如《联邦电子通信隐私权法》、《儿童网络隐私保护法》。另外，美国各州也为本地居民的个人信息保护制定了一些地方性法律。由此可以看出，美国以隐私权为基础，对涉及公共领域的个人信息进行立法保护，而私人领域，则主要依靠自律机制（如行业规范、内部行为准则等）实现对个人信息的保护。

（3）日本模式

在欧洲和美国个人信息保护的指引下，早期日本的一些行政法规就开始注重对个人隐私权进行保护，如《电子签名法》。之后，2005年通过的《个人信息保护法》，可以说是日本在个人信息全方面保护层面的里程碑式的法律，与欧美稍显不同的是，日本注重行业自律和社团参与在个人信息保护中的作用，这也是日本个人信息保护模式的特点。

除了上述三种主要模式之外，其他国家（如新加坡、韩国、澳大利亚）也正在逐步完善本国的个人信息保护体系。对于全球而言，形成个人信息保护统一标准，正成为数字贸易大背景下个人信息保护的国际趋势。

本研究通过对国外信息保护相关规则的分析和梳理，将这些规则按个人信息保护要素进行分类总结：个人信息的收集、存储和使用、个人隐私权的保障、个人数据流动保护、专门行业或特定人群的信息保护、数字贸易时代下的信息保护。

要素一：个人信息收集、存储及使用

随着互联网的诞生与发展，企业开始通过各种途径收集大量的用户个人信息分析了解用户的行为模式和消费习惯，并以此为基础引导用户消费。因此，个人信息保护最重要的要素就是如何保证企业合法合规地收集和利用个人信息。所以，国外较早地制定了相关法律规则来约束个人信息收集、存储及使用等行为，比如：美国1974年颁布的《隐私权法》、德国1977年和2001年修订的《联邦数据保护法》等。中国也发布了《网络安全法》和《国家信息化发展战略纲要》等法律规则，都不同程度地涉及个人信息的收集和使用等方面。本研究对国内外有关个人信息收集、存储和使用的法律规则进行了简单梳理，具体如表3-25所示。

表3-25　个人信息收集、存储和使用规则

国家或组织	时间	相关法律或规则	涉及内容
美国	1974年	《隐私权法》	美国保护公民隐私权的基本法律，对个人信息采集、存储、利用等问题进行详细规定，赋予个人信息决定、知情和更正权
德国	1977年	《联邦数据保护法》	规定了只有在获得个人授权的情况下才能收集他人的信息
	2001年	《联邦数据保护法》	提倡个人信息自由决定，规定了个人信息的知情权、修改权、收集同意权、披露权及使用权等权利
澳大利亚	1988年	《隐私权法》	规范政府机构和私营企业组织收集、使用和公开个人信息的行为。

资料来源：公开资料整理。

要素二：保障个人的隐私权

随着社会的发展，人们逐渐将隐私权看作自己的一项基本权利。世

界各国对于隐私权的保护非常重视，对公民隐私权保护都有相应的立法，比如：美国的《隐私权法》、德国的《联邦数据保护法》、日本的《个人信息保护法》等。而国内隐私权的法律发展较为缓慢，相关立法比较分散，在《宪法》、《民法》和《刑法》中都有涉及保障公民隐私权的法律条文。笔者对国外有关隐私权的重要法律规则进行了整理，见表3-26。

表3-26 个人隐私权保障的法律规则

国家或组织	时间	相关法律或规则	涉及内容
美国	1974年	《隐私权法》	美国保护公民隐私权的基本法律，对个人信息采集、存储、利用等问题进行了详细规定，赋予个人信息决定、知情和更正权
德国	2001年	《联邦数据保护法》	提倡个人信息自由决定，规定了个人信息的知情权、修改权、收集同意权、披露权及使用权等权利
澳大利亚	2000年	《隐私权法》	对1988年的《隐私权法》进行了修订，进一步扩大了法律的约束主体，从联邦政府公共机构和征信组织扩大到部分私营机构和组织，为互联网时代个人信息保护提供强有力的支持
日本	2003年	《个人信息保护法》	强调个人有权决定何时、何地以何种方式向他人传递与自己有关的信息
韩国	2011年	《个人信息保护法》	规定了个人信息保护的基本原则等

资料来源：公开资料整理。

要素三：个人数据流动保护

随着互联网技术的快速发展，人们对于通过互联网传递信息或资源共享的需求不断增长，个人信息在网络空间的流动逐渐变得频繁，特别是数据的跨境流动成为未来信息共享的趋势。因此，为了适应这种时代发展趋势，部分国家或国际组织制定了相应的规则来对数据跨境流动进行管理，比如：经济合作与发展组织提出了《关于隐私保护与个人数据跨国流通指南》，规定了数据流动保护的八大原则；日本的《个人信息保护法》（2015）为跨国企业信息交换的安全性提供了保障。而国内目前保护个人数据流动的法律较少，只有2019年国家网信办的《个人信息出境

安全评估办法（征求意见稿）》。表3-27梳理了世界主要国家或国际组织
在个人数据流动方面的法律规则。

表3-27　个人数据流动保护规则

国家或组织	时间	相关法律或规则	涉及内容
经济合作与发展组织	1980年	《关于隐私保护与个人数据跨国流通指南》	提出了个人数据保护的八大基本原则
亚太经济合作组织	2004年	《隐私保护框架》	协助组织成员国制定隐私保护和个人信息跨国流通的隐私法律制度
欧盟	1995年	《关于涉及个人数据处理的个人保护以及此类数据自由流动的指令》	对欧盟成员国之间的个人数据流动标准进行了设定
美国	2015年	《网络安全信息共享法案》	提出要对网络空间的信息流动存在的安全威胁加以防护

资料来源：公开资料整理。

要素四：专门行业或特定人群的个人信息保护

由于社会分工的不断细化，各行各业的信息保护问题日渐突出，国外较早地开始为特定行业或特定人群制定个人信息保护法律，比如：美国的《健康保险可移动性和责任法案》、欧盟的《欧洲Cookie指令》、加拿大的《电子商务保护法》。国内也先后发布了细分领域的法律，比如：《关于促进"互联网＋医疗健康"发展的意见》、《关于加强网络信息保护的决定》、《电子商务法》和《儿童个人信息网络保护规定》等。表3-28总结了国外相关的法律或规定。

表3-28　专门行业或特定人群的个人信息保护规则

国家或组织	时间	相关法律或规则	涉及内容
美国	1996年	《健康保险可移动性和责任法案》	个人医疗信息保护
美国	1998年	《儿童网上隐私保护法》	规定了对13岁以下儿童收集个人信息时需征得其家长的同意

国家或组织	时间	相关法律或规则	涉及内容
	1998 年	《有效保护隐私权的自律规范》	要求网络从业者尽快建立起保障网民隐私权的自律制度，以确保使用者的隐私权并迅速开发出保护网民隐私权的相关技术和商品
	1999 年	《金融服务现代化法案》	要求金融企业保护个人信息
加拿大	2010 年	《电子商务保护法》	规定商业机构未经个人允许，禁止向其电子邮箱、手机发布宣传信息
欧盟	2002 年	《隐私与电子通信指令》	进一步明确了互联网及通信服务运营商需在用户知情的情况下收集个人信息
	2009 年	《欧洲 Cookie 指令》	对电子商务中 Cookie 的使用加以规范，避免网站滥用个人数据

资料来源：公开资料整理。

要素五：数据泄露报告制度

随着互联网技术的快速发展，人们对于通过互联网传递信息或资源共享的需求不断增长，个人信息在网络空间的流动逐渐变得频繁，数据泄露已经成为世界范围内个人信息安全亟须解决的问题之一。根据 Verizon 发布的《2019年数据泄露调查报告》显示，在统计的年份内，共发生了2013起数据泄露事件。因此，少数国家开始建立数据泄露报告机制，比如：德国设立专门的数据专员来处理数据泄露事件，澳大利亚规定了发生数据泄露时，企业应该如何做。国内目前还没有比较成熟的数据泄露法律，来应对此类事件。表3-29总结了数据泄露的相关规则。

表3-29　数据泄露保护规则

国家或组织	时间	相关法律或规则	涉及内容
德国	2015 年	《联邦数据保护法》	强化对个人数据泄露的监管，规定了数据保护专员的职责
澳大利亚	2017 年	《数据泄露通报法案》	设立信息专员办公室，规定了数据泄露的报告制度

资料来源：公开资料整理。

要素六：数字经济时代的个人信息保护

在数字经济时代，数据将成为新的生产要素。随着新一代信息技术（比如人工智能、云计算、物联网）的不断发展，社会生产生活的数字化场景已成为热点，数字经济正成为世界经济发展的新引擎，但这也让个人信息泄露的风险不断增加。因此，为了应对数字经济、新兴技术的应用在安全、伦理等方面的问题，世界各国开始对以往的信息保护法律进行修订或颁布新的法律条例。

表3-30　数字经济时代个人信息保护

国家或组织	时间	相关法律或规则	涉及内容
美国	2012年	《网络世界中消费者数据隐私：全球数字经济保护隐私及促进创新的框架》	体现了隐私保护和互联网创新创业互动的理念。对全球数字经济中的个人信息保护具有促进作用
英国	2017年	《新数据保护法案：改革计划》	对于数字经济发展过程中的个人数据获取、迁移和删除等权利进行了规定
欧盟	2016年	《通用数据保护条例》	强化了数据主体对数据的控制权
	2019年	《人工智能伦理准则》	避免人工智能可能出现的伦理道德风险，降低个人信息泄露的风险
美欧	2013年	《跨大西洋贸易与投资伙伴协议》	协议中部分内容探讨了美欧双边在数字贸易中的数据隐私保护问题

资料来源：公开资料整理。

3.5.3　个人信息保护国内相关规则和标准

我国一直比较注重个人信息保护的问题，并积极推进和完善相关的法律制度。2018年9月《个人信息保护法》被列入立法规划，标志着我国个人信息保护法制建设迈上新台阶。通过对国内现有的个人信息保护政策进行整理，大致可以将其分为三个部分：以国务院、国家互联网信息办公室（简称"网信办"）为主而提出的保护战略，以全国人大常委会为主而提出的保护法律条例，其他部门提出的保护标准或行业规范。表3-31

是本研究依据上述个人信息保护的几个关键要素梳理的国内相关规则。

表3-31　个人信息保护国内相关规则

个人信息保护要素	相关法律或规则	时间	涉及内容
个人信息收集、存储和使用	《国家信息化发展战略纲要》	2016年	全面规范企业和个人信息采集、存储、使用等行为
	《网络安全法》	2016年	规范网络上对于个人信息的收集、存储、利用等行为。强调了中国境内网络运营者对收集到的个人信息所应承担的保护责任和违规处罚措施
	《数据安全法》	2021年	个人数据的收集、使用等，应当遵循法律、行政法规规定
	《深圳经济特区数据条例（征求意见稿）》	2021年	明确了个人数据处理的相关规则和具体的个人数据权益
隐私权保障	《中华人民共和国刑法修正案（九）》	2015年	维护公民信息安全，保障其隐私权不受非法侵犯
	《中华人民共和国民法总则》	2017年	引入个人隐私权和数据保护的概念，在民事法层面明确了数据和信息的法律地位
	《中华人民共和国宪法修正案》	2018年	明确我国法律对公民隐私权进行保护的依据
个人数据流动保护	《个人信息出境安全评估办法（征求意见稿）》	2019年	保障数据跨境流动中的个人信息安全
	《数据安全法》	2021年	保障数据有序自由流动
专门行业或特定人群	《关于银行业金融机构做好个人金融信息保护工作的通知》	2011年	对银行等金融机构的个人信息收集、存储和使用，进行了规定
	《电信和互联网用户个人信息保护规定》	2013年	完善了电信和互联网行业个人信息保护制度
	《关于促进"互联网+医疗健康"发展的意见》	2018年	对个人医疗信息的保护进行了规定
	《电子商务法》	2018年	明确了对电子商务消费者个人信息保护的规定
	《儿童个人信息网络保护规定》	2019年	我国首部专门针对儿童网络保护的立法，确定了儿童个人信息网络保护的具体原则

续　表

个人信息 保护要素	相关法律或规则	时间	涉及内容
专门行业或 特定人群	《深圳经济特区数据条 例（征求意见稿）》	2021 年	加强对敏感个人数据、生物识别数据、未成年人 以及其他无民事行为能力或者限制民事行为能力 的成年人个人数据的保护
数字经济时 代个人信息 保护	《关于促进大数据发展 行动纲要》	2018 年	推动个人信息保护立法工作，加强对滥用数据、 侵犯隐私等行为的管理
	《新一代人工智能发展 规划的通知》	2018 年	加大对利用大数据技术侵犯个人隐私和数据滥用 行为的惩戒力度

资料来源：公开资料整理。

个人信息保护国内外比较

通过前面对国内外个人信息保护规则的梳理，本研究依据相关要素对这些规则进行了比较，结果如表 3-32 所示。可以看出，目前国内个人信息保护经过不断的发展，在很多方面已经逐渐跟上世界的脚步。

表3-32　各国个人信息保护要素比较

信息保护要素	美国	欧盟	日本	韩国	澳大 利亚	亚太经 合组织	中国
个人信息收集、存储及使用	涉及	涉及			涉及		涉及
保障个人的隐私权	涉及	涉及	涉及	涉及	涉及		涉及
数据流动保护	涉及	涉及				涉及	
专门行业或领域信息保护	涉及	涉及			.		涉及
数据泄露报告					涉及		
大数据、人工智能和数字经 济或数字贸易	涉及	涉及					涉及

另外，通过上面对国外及国内个人信息保护的相关法律规则的梳理，我们可以比较清晰地了解到世界各个国家及组织除了部分通用的规则外（比如大部分的法律规则都对个人信息的收集、存储和使用等行为进行了规定，从而达到保护个人信息的目的），各自也有相应的着重点。笔者通过比较分析，将国内外规则的侧重点概括如图 3-5。

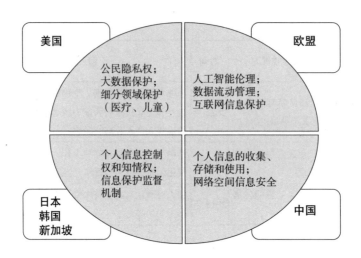

图3-5 国内外个人信息保护规则侧重点

3.6 其他

除了上述受重点关注的数字贸易规则之外，TPP、美国、日本、澳大利亚、韩国、中国签署的数字贸易协定中还对计算设施本地化、源代码、消费者保护等方面进行了规定。

3.6.1 计算设施本地化

3.6.1.1 计算设施本地化内涵

"计算设施"是指用于商用目的的进行信息处理或存储的计算机服务器和存储设备，而"计算设施本地化"则是指将这类计算设施设置在本国或本地。此外，限制跨境数据流动、数据本地化在一定程度上也是"计算设施本地化"的组成部分，但是要求计算设施本地化却不一定会限制跨境数据流动。

3.6.1.2 计算设施本地化国外相关规则

（1）国际协定中关于计算设施本地化的相关规则

关于"计算设施本地化"条款的规定，目前仅仅出现在TPP中，仍在谈判的《国际服务贸易协定》（TISA）也对该条款作出了相关规定。

表3-33　典型 FTA 中关于计算设施本地化的规则

协定名称	具体内容
《跨太平洋伙伴关系协定》	各缔约方应当认识到每一缔约方对于计算机设施的使用可能有各自的监管要求，包括寻求保证通信安全和保密的要求。 缔约方不得将使用该缔约方领土内的计算机设施或将设施置于其领土之内作为在其领土内从事经营的条件。 本条不得阻止缔约方为实现合法公共政策目标而采取或维持与第 2 款不符的措施，条件是该措施： 不得以构成任意或不合理歧视的方式适用，或对贸易构成变相限制； 不对计算机设施的使用或位置施加超出实现目标所需要的限制
《国际服务贸易协定》	各缔约方不得以在其本土提供服务或投资为条件，要求服务供应商： （a）使用在该缔约方国土内的计算设施； （b）使用在该缔约方国土内提供的计算机处理或存储服务； （c）在其国土内使用别的方法储存或处理数据

资料来源：公开资料整理。

（2）国外关于计算设施本地化的立法比较

为实现对本国网络安全的监管，加强对公民基本权益的保障，世界上多数国家的国内立法中都有与"计算机设施本地化"相关的内容。目前国际社会立法大致可分为两种类型，一类是为保护重要数据而要求数据必须在本地存储，即要求相关业务运营者必须在本地设有数据存储设施；另一类是针对特殊类别的业务要求计算机设施本地化，但目前没有国家在相关法律中明确规定。

表3-34　计算设施本地化的立法比较

	澳大利亚	巴西	印度	马来西亚	越南	俄罗斯
数据本地存储	涉及	涉及	涉及	涉及		涉及
计算设施本地化			涉及			
信息内容监管					涉及	

3.6.1.3 计算设施本地化国内相关规则

在计算设施本地化方面，我国的立法和政策性文件中也明确了"数据本地存储"以及"限制数据跨境流动"等相关制度。但诸如《网络安全法》等法律所确立的"数据本地化存储"和"限制数据跨境流动"仅适用于"关键信息基础设施"，对于"关键信息基础设施"以外的计算机设施是否遵循本地化的要求却未加以规定，因而"计算设施本地化"制度目前在我国的实施情况尚不明朗。

3.6.2 源代码

3.6.2.1 源代码内涵

源代码条款通常是指采取足够的保护措施防止源代码在未经授权的情况下披露。该条款实际上是赋予了相应企业对源代码的绝对控制权，防止政府任意要求企业交出源代码，保护商业秘密和创新。但各国出于不同目的会对源代码条款做出不同要求。

3.6.2.2 源代码国外相关规则

（1）国际协定中关于源代码的相关规则

从现有已签署或生效的数字贸易协定的情况来看，仅 TPP 包含了源代码相关规则，同时仍在谈判的《国际服务贸易协定》也对该条款有相关规定。

表3-35　典型 FTA 中关于源代码的规则

协定名称	具体内容
《跨太平洋伙伴关系协定》	（1）任何缔约方不得将要求转移或获得另一缔约方的人所拥有的软件源代码作为在其领土内进口、分销、销售或使用该软件及包含该软件的商品的条件。 （2）就本条而言，第1款规定的软件限于大众市场软件或含有该软件的商品，不包括关键基础设施所使用的软件。 （3）本条不得阻止： 在商业谈判的合同中包含或实施的关于源代码的条款和条件；

协定名称	具体内容
《跨太平洋伙伴关系协定》	缔约方要求修改软件源代码,使该软件符合与本协定一致的法律或法规。(4)本条不得理解为影响专利申请或授予的专利的有关要求,包括司法机关作出的任何关于专利争端的命令,但应遵守缔约方保护未授权披露的法律或实践
《国际服务贸易协定》	任何一方均不得要求转让或访问另一方人员所拥有的软件的源代码,作为在其境内提供与此类软件有关的服务的条件

资料来源：公开资料整理。

（2）国际关于源代码的立法比较

目前国际社会关于源代码的立法大致可分为两种类型,一类是为保护国家安全、信息通信安全等要求企业公开源代码；另一类是强调知识产权的重要性,实行保护措施。同时有一些数字技术较为落后的国家如巴西等将源代码公开作为市场准入条件。

表3-36　源代码的立法比较

	俄罗斯	美国	欧盟	巴西	印度尼西亚
源代码公开（安全方面）	涉及				
源代码保护		涉及	涉及		
源代码公开（市场准入条件）				涉及	涉及

3.6.2.3 源代码国内相关规则

（1）国内关于源代码的相关立法

国内关于源代码的立法主要在银行业监管方面。2014年9月,银监会等四部委共同起草发布了《关于应用安全可控信息技术加强银行业网络安全和信息化建设的指导意见》(银监发〔2014〕39号)规定,银行业金融机构不应采用任何技术、商品或服务而损失对技术风险的识别、监测和控制能力。为推进落实此指导意见,银监会、工信部还于2015年1月联合下发了《银行业应用安全可控信息技术推进指南》(2014—2015年度）（银监办发〔2014〕317号文），提出五点要求：一是明确开展应用安全可控信息技术的范围；二是明确安全可控信息技术的具体内容；三是明确建立银行业信息技术资产分类（"IT资产分类"）目录；四是明确各类别的安全可控指标；五是进一步明确和强调39号文中提出的两个量化指标。

该文一经发布，即引发国外IT企业的强烈反对，美国商会、欧盟商会均表示了反对，它们一方面不愿提交源代码、不愿共享技术，并称中国是在变相推进IT系统国产化；另一方面也不愿意放弃中国市场。所以银行业IT新规实施情况有待观察。

（2）国内外立法对比

国内外立法情况主要有以下三个特点：一是普遍没有在法律中进行明确要求。无论俄罗斯、美国还是我国，均未在法律中明确赋予执法机构查看企业源代码的权利；二是查看企业源代码的要求主要来自执法需要，如审查知识产权案件，执法机构必须获准查看企业及其竞争对手的源代码；三是执法部门应对企业源代码绝对保密，并且不得用于商业用途。企业将源代码看得极其重要，一旦执法部门获取了企业源代码，企业将面临很大的风险。

3.6.3 消费者保护

3.6.3.1 消费者保护内涵

消费者保护条款最早出现在2005年生效的美韩FTA中，其主要目的是要求各国采取相关措施，保护参与数字贸易活动的线上消费者利益，如避免其受到网络诈骗等。消费者保护条款主要涉及以下方面内容：一是各国承认采取措施保护消费者权益的重要性；二是采取相关措施，制定法律法规；三是促进跨境电子商务的合作。

3.6.3.2 消费者保护国外相关规则

（1）国际协定中关于源代码的相关规则

目前已经签订的数字贸易协定中，近一半包含消费者保护要素，但相关条文的内容多为方向性、原则性、鼓励性的规定，其涉及的措施多无强制执行力，仅要求各国对数字贸易中的线上消费保护予以重视、加强合作。

表3-37　典型FTA中关于消费者保护的规则

协定名称	具体内容
《跨太平洋伙伴关系协定》	（1）各缔约方认识到采取和维持透明及有效的措施，保护消费者进行电子交易时免受第16.7.2条（消费者保护）所指的诈骗和商业欺诈行为侵害的重要性。 （2）每一缔约方应采取或维持消费者保护法，禁止对线上商业消费者造成损害或潜在损害的诈骗和商业欺诈行为。 （3）各缔约方认识到，各国消费者保护机构或其他相关机构在跨境电子商务相关活动中开展合作以增强消费者福利的重要性。为此，各缔约方确认在第16.7条第5款和第16.7条第6款（消费者保护）中寻求的合作包括与线上商业活动相关的合作
《日本-瑞士自由贸易协定》	（1）各缔约方认识到以下事项的重要性： 采取或维持措施，根据其国内相关法律法规，保护电子商务用户的个人数据；在采取相关措施时考虑国际标准； （2）各缔约方的国家消费者保护执法机构应当尽力与其他缔约方的相关机构合作，在双方共同关注的适当案件中，合作推动相关法律法规的执行，以对抗电子商务中的诈骗和商业欺诈行为
《美国-澳大利亚自由贸易协定》	各缔约方应认识到采取和维持透明及有效的措施，保护消费者进行电子交易时免受诈骗和商业欺诈行为侵害的重要性
《中国-澳大利亚自由贸易协定》	各方应尽可能以其认为合适的方式，为使用电子商务的消费者提供保护，这种保护至少与其法律、法规和政策下对其他商业形式的消费者提供的保护相当

资料来源：公开资料整理。

（2）国际关于消费者保护的立法比较

在数字贸易过程中，由互联网的虚拟性等特殊属性导致的交易双方信息不对称，使消费者遭受网络欺诈的风险大大增加，因此，许多国家和国际组织出台了专门的保护框架，对在线消费者的相关权益进行保护。从立法内容来看，其一方面将数字贸易作为普通消费行为的延伸，将消费者保护的普遍规定纳入数字贸易的监管框架；另一方面也针对数字贸易的特殊属性，围绕公平交易、信息披露及在线支付等特定环节作出专门规定。

表3-38　消费者保护的国外立法比较

	德国	美国	OECD	英国	意大利
等水平保护	涉及	涉及	涉及	涉及	涉及
公平交易	涉及	涉及	涉及	涉及	涉及
在线披露要求		涉及	涉及		
无条件退货	涉及	涉及	涉及	涉及	涉及
安全支付	涉及	涉及	涉及	涉及	涉及

3.6.3.3 消费者保护国内相关规则

（1）国内关于消费者保护的相关立法

在消费者保护方面，中国的WTO提案已经提出各成员应通过适当的方式为使用电子商务的消费者提供至少与成员各自法律、法规和政策所规定的其他商业形式的消费者相同的保护。同时在国内已经有《民法典》《刑法》《产品质量法》《食品安全法》等法律法规，均从不同层面对消费者权益保护做出了一般性规定。近年来，随着数字贸易的迅速发展，我国在立法层面对消费者保护做出了更加详细的规定，于2013年修正，2014年实施的《消费者权益保护法》以及2019年起实施的《电子商务法》，规定了电子商务服务的相关主体在消费者保护中承担的各项义务，初步形成了我国的消费者保护法律框架。

其中，《消费者权益保护法》进一步确立了保护消费者权益的法律基础，明确规定了消费者的知情权、自主选择权、公平交易权、依法求偿权等权益，同时对电子商务活动中的其他主体的相关义务做出规定，包括电子商务平台的连带责任、提供真实信息以及售后服务等义务。《电子商务法》是对电子商务市场进行规范的专门法律，设置了消费者权益保护的专门章节，明确了电子商务交易中，有关主体对消费者权益保护的相关义务。

（2）国内外立法对比

从国内外的立法情况来看，我国消费者保护立法起步较晚，相关管理制度尚不成熟，在今后的法律修订或立法中，可借鉴欧盟及美国的相关措施，为消费者提供更加全面的保护：一是欧盟的等水平保护及政策一致原则，明确了一般法律在数字贸易领域的普遍适用，同时确认了网络消费者应享受不低于传统消费者的权益，避免了法律间的冲突与边缘化。二是经合组织指南及美国相关法律中，明确网络经营者的信息披露义务要高于传统交易模式，将需要披露的信息分为商业信息、商品或服务信息以及交易信息三类，对我国规制网络经营者信息披露义务以有效保护消费者知情权具有借鉴意义。三是欧盟的一系列规定再次强调了国际间协作的重要性，对跨境网络交易的复杂性给予了充分的考虑，尤其是规定了消费者保护组织与团体在纠纷解决中的协助机制，增加了消费者保护条款的可操作性，值得我国借鉴学习。

第三篇 数字贸易发展中国实践

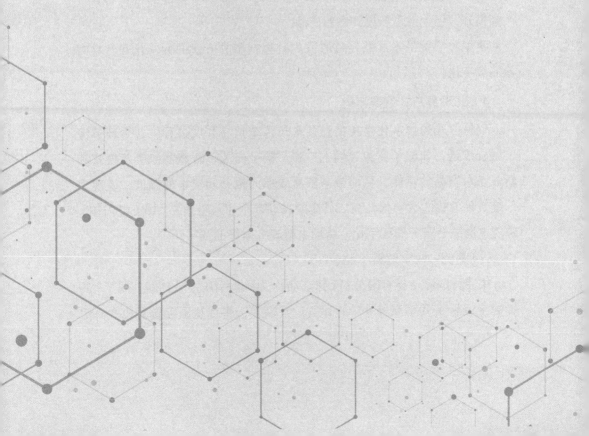

4. 中国数字贸易发展方案

4.1 中国数字贸易的发展方式、路径及步骤

4.1.1 我国数字贸易的发展方式

数字贸易的整体发展方式可以概括为新技术推动产生新模式以及新商品，即贸易方式数字化和贸易对象数字化。新模式和新商品的出现，造成了完全不同的贸易影响，推动产生了全新的贸易监管体系。具体来说，新一代信息通信技术的发展使得不同经济主体间紧密联系，形成了更高效、更频繁的分工、协同和共享关系。因而数字商品的可贸易程度大幅提升，催生出了新模式和新商品。

我国数字贸易发展路径核心的内容包括贸易方式的数字化和贸易对象的数字化。

4.1.1.1 贸易方式的数字化

贸易方式的数字化是指信息技术与传统贸易开展过程中各个环节深入融合渗透，如电子商务、线上广告、数字海关、智慧物流等新模式和新业态对贸易的赋能，从而带来贸易效率的提升和成本的降低，表现为传统贸易方式的数字化升级。具体的表现有企业跨境贸易方式的数字化，跨境电商综合服务的数字化，跨境电商政务监管的数字化等。

（1）案例：数字贸易 + 物流

中建材国际贸易有限公司（以下简称"中建材国贸"）创新开展了"跨境数字贸易 + 共享海外仓"的外贸运营模式，将传统国际贸易模式升级

为数字贸易模式。在"跨境数字贸易＋共享海外仓"模式下，非洲买家可以通过"易单网"这一跨境电商平台，在线选购商品。中建材国贸提供海外存储、物流服务，保证货物的及时运输，为非洲买家提供"一站式"外贸综合服务，致力于在非洲打造"数字外贸生态圈"。"数字贸易＋物流"的模式，一方面通过规模采购和集中物流，降低了采购和运输成本；另一方面，为海外买家缩短了采购周期，降低了资金占用成本，大幅提高了购买效率和便利性，从而提高了客户的满意度和信赖度。

（2）案例：数字贸易＋广告

为帮助外贸企业在疫情下对接海外采购需求，中东国际（MIE）展览集团开放了其海外线下展览会的30万采购商资源，整合中东非地区十多个展览主办方资源，依托"展贸通"线上展览平台，把线下展会搬到线上，力图构建大数据外贸生态圈。集团于2020年6月29日举办的"中国–非洲数字贸易周"覆盖了建筑建材、日用必需品、家庭医疗、电力能源、食品农业、酒店家居等六大行业，通过线上B2B视频精准配对和高质量商机撮合，实现特殊的跨境"面对面"沟通。

4.1.1.2 贸易对象的数字化

贸易对象的数字化是指数据和以数据形式存在的商品和服务贸易。包括三方面，一是研发、生产和消费等基础数据；二是图书、影音、软件等数字商品；三是将线上提供的教育、医疗、社交媒体、云计算、人工智能等数字服务，表现为贸易内容的数字化拓展。数字经济时代，云、网、端等发展正在改变服务业不可贸易、难以贸易的局面。由于数字商品和服务本身零边际成本的特性，可贸易程度的提升将进一步促进相关产业与贸易的发展。

贸易方式的数字化和贸易对象的数字化，对产业发展、国际分工、价值分配等方面都产生了不同程度的影响。由此推动了新监管的出现，我国监管部门从原来的海关、检验检疫、外汇管理局扩充到了数字内容审核部门、产业安全审核部门、数据流动监管部门等。

（1）案例：数字贸易 + 社交媒体

数字贸易和社交媒体的融合，最直观的形式就是跨境社交电商。抖音海外版是我国主导跨境社交的典型案例。抖音的成功，是中国互联网高普及率的结果。如今这种势头拓展到了海外。强大的技术实力与良好的商品体验，让抖音在海外多地进入当地人最受欢迎的应用之列，也让中国文化成为一种外国人触手可及的时尚。抖音海外版 Tiktok 上线后，近几周都在 App Store 免费应用程序排行榜中排名第一，在其他国家的排行榜上也名列前茅，在美国的下载量超过8000万次。庞大的使用量为抖音海外版广告的传播提供了媒介。可以说，跨境社交电商重新定义了流量方式和购物模式。从传统的人找货模式到数字贸易下的货找人模式，抖音海外版等社交电商可以更快地触达有效用户。

（2）案例：数字贸易 + 软件

游戏作为我国出口数字商品的代表，是贸易对象数字化的缩影。伽马数据关于2019年中国游戏产业的年度总结分析认为：游戏产业开始严格管理一年多来，呈现强势回暖趋势，取得了令人信服的成绩。报告显示，国内游戏市场和海外市场出口收入均得到了大幅提升，涨幅超过10%，收入超过3100亿。国内自主研发的网络游戏在海外市场销售收入稳定增长，取得了令人满意的成绩。特别是中国移动游戏市场方面表现优异，规模领跑全球。海外移动游戏市场也将成为未来的重要竞争点。

4.1.2 我国数字贸易发展路径

数字贸易从数字贸易初级阶段发展到数字贸易成熟阶段，需要经过三步提升路径，分别是平台升级、服务升级、价值链升级。

（1）平台升级

平台升级的意义：数字贸易平台的构建，解决了企业在传统贸易链条中遇到的流程不透明、环节复杂、成本高昂、报关烦琐等痛点问题，打造了一个集商品展示、在线交易、物流、支付、服务为一体的线上闭环模式。这种模式打破了传统跨境贸易平台壁垒，方便控制数字贸易风险、保障全球贸易安全，为全球贸易提供了更多机会。

平台升级的过程：以数字贸易平台为核心，构建一个整合政府、海关、金融机构、海外渠道、上下游商家在内的一体化数字贸易产业链生态圈，加强数字贸易平台和国际进出口资源的对接与分享。

现有的数字贸易平台仍需要升级改造，从数字贸易相关信息资讯平台向交易平台演进，实现供应与需求精准匹配、线上线下融合、流通环节精简、商品价格降低、支付结算环节打通、资金安全保障等愿景。

（2）服务升级

服务升级的意义：在构建数字贸易平台的基础之上发展数字贸易需要进行服务升级，以实现不断向价值链中高端攀升。

服务升级的过程：进行服务升级，首先要加快数字化转型升级。具体内容包括支持推广 IT 外包、打造数字服务出口集聚区等。其次是推广重点服务领域发展，包括如法律、会计等领域服务外包、医药研发外包等。同时应致力于构建全球服务网络体系，加大国际市场开拓力度，有序增加示范城市等。

（3）价值链升级

价值链升级的意义：面对金融危机以来日益严峻的国际政治和经济环境，中国要素成本上升、支撑经济快速发展的传统动力逐渐减弱。在传统价值链中"低端锁定"的困境，我国需向价值链的高附加值环节和强控制力环节攀升，带动数字贸易转型升级。价值链升级，对推进经济持续发展、跨越"中等收入国家陷阱"、推动国内数字贸易发展都具有重要意义。

价值链升级的过程：在全球经济重心东移和终端市场转移的大背景下，完成价值链升级，需要重视"一带一路"终端市场，加强与"一带一路"沿线广大发展中国家的合作，在"一带一路"倡议的框架之下构建起我们自己主导的国际生产网络和价值链体系。积极融入和推动构建"一带一路"区域价值链，从加工贸易等低附加值环节向研发、营销等高附加值环节转变，利用"一带一路"终端市场实现中国全球价值链升级。

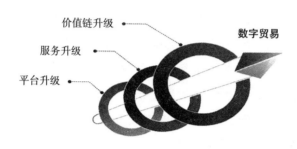

图4-1　数字贸易发展路径

资料来源：本研究整理。

4.1.3 我国数字贸易的发展步骤

我国数字贸易的发展步骤大致可以分为五步。首先是从战略高度重视数字贸易规则构建，在国家层面提高数字贸易的战略定位，同时应完善数字贸易的基础设施建设。在奠定基础后，应该加强理论研究，从"美式模板"的发展历程来看，完善的国内规则体系是推动国内规则和国际协定建立的必要基础。接着，合理借鉴和对接"美式模板"的部分规则，以逐步发展国内数字贸易规则环境，努力构建符合我国数字贸易发展需求的"中式模板"。在此过程中，期望可以弯道超车美日等先进国家。最后完成蓝图，利用一带一路建设，构建中式数字贸易圈，占领数字贸易高地。

步骤一：重视——在国家层面提高数字贸易的战略定位

我国为顺应数字贸易发展趋势，在国家层面提高数字贸易的战略定位，出台了若干政策文件，如2018年出台了《电子商务法》等。党的十九大报告也明确提出要建设"数字中国"、"网络强国"，党中央、国务院相继出台《国家信息化发展战略纲要》《"十三五"国家信息化规划》等重大战略规划，明确数字中国建设的路线图和时间表，开启中国信息化、数字化的发展新征程。

我国学术界和政策制定者也有必要学习和借鉴美国国际贸易委员会和美国贸易代表办公室的做法，对数字贸易进行更加系统的研究。

步骤二：奠基——完善数字基础设施建设

正如货物贸易依赖于交通运输技术的进步一样，数字贸易高度依赖数字基础设施的完善程度。世界各国正在加快完善数字基础设施建设，力求在未来的数字贸易竞争中占据优势地位，我国也不能例外。在此步骤，我国强化了新一代信息通信技术基础设施建设，特别是加快了5G通信网络建设，同时重视中西部地区的数字基础设施建设，防止出现新的基础设施鸿沟。同时正推动我国的信息技术相关标准成为国际通用标准，从而在数字贸易竞争中占据一定优势。

步骤三：融合——探索形成数字贸易发展理念和监管思路

数字贸易具有不同于传统贸易的新经济效应，面临着新的贸易壁垒，因而需要探索形成新的发展理念和监管思路。数字贸易国际规则正在形成之中，我国要加快吸收和学习数字贸易国际通行规则和标准，特别是《跨大西洋贸易投资伙伴关系协定》（TTIP）、《服务贸易协定》、美加墨协定（USMCA）等区域贸易协定中的新规则，并结合我国实际，大胆试点和复制推行，从而在未来的规则制定中占得先机。融合上述规则，我国要进一步提高与数字贸易相关的货物和服务的贸易便利化程度，从而提高数字贸易国际竞争力。同时应注意，既要确保跨境数据高效流动，从而保证我国数字贸易的国际竞争力，又要确保不发生威胁国家安全的数据泄露、窃取、丢失等安全事件，还要有利于本国数字产业发展，确保个人隐私得到恰当保护。

步骤四：超车——构建数字贸易"中式模板"

数字贸易的不断发展将改变现有的国际贸易规则，而有效的多边国际贸易规则对全球及我国的数字贸易健康发展具有重要意义。目前，

WTO缺乏关于数字贸易的规则体系，相关谈判也停滞不前。在此情况下，我国要积极推动在 WTO 框架下完善数字贸易国际规则，力求使其有利于我国数字贸易发展。

虽然"美式模板"较早提出，但是目前不只是中国与"美式模板"存在分歧，欧盟在"视听领域"的"文化例外"以及消费者的隐私保护方面的高要求也与其相悖，这意味"美式模板"并非畅通无阻。我国要积极参与数字贸易谈判、适时表达立场、主动靠近拥有相同诉求的国家地区并探索建立数字贸易合作伙伴关系，努力构建符合发展中国家国情的数字贸易规则，以期望在这个过程超车美国数字贸易发展。

步骤五：蓝图——构建全球数字贸易共同体

在最后一步，我国要充分利用在已有经济贸易平台的影响力与话语权。以跨境电子商务优势为契机，以"一带一路"为抓手，利用区域间的贸易建设，率先与"一带一路"沿线国家缔结数字贸易条款，推动中式数字贸易圈的构建。同时协调区域关系，逐步完成从区域内发展向区域间发展过渡，积极主动地参与美欧日等发达国家对数字贸易规则的讨论，代表"一带一路"沿线国家以及广大发展中国家发声，不断巩固、提高中式数字贸易圈的影响力，占领数字贸易规则高地。

4.2 中国数字贸易发展模式、应用场景及案例

4.2.1 中国数字贸易发展模式

4.2.1.1 发展高端数字贸易业态模式

充分发挥国家政策以及周边人才和资金优势，大量储备高端人才和知识，以研发、溢出和带动为主要形式。重点探索数字贸易的规则标准、基础设计和监管，着重发展数据交易、数字内容等高端数字贸易业态。

该模式适合区位条件好、发展定位高、开发程度低、地区政策好的区域，能够吸引优质企业和人才。注重"无中生有"，统筹创新资源、数

据、人才等要素，加快培育全球领先的创新团队，建设国家实验室，完善"政产学研用"协同创新机制，提高研发实力。该模式重点探索数字产业的发展路径，激活新要素，构建适应数字生产力的新型生产关系，制定数据生产要素高效配置机制，带动全国数字经济的发展氛围。大力推进政务数据共享开放，打通政府和企业间的数据流动通道，加速实体经济的数字化转型。该发展模式以雄安为代表，为推动京津冀协同发展和建设世界级数字贸易示范区提供支撑。

4.2.1.2 以贸易数字化为主的发展模式

以贸易数字化为主的发展模式，是指本身已经具备很好的货物贸易与服务贸易基础，以转移、孵化、应用为主要发展形式。该模式适合工农商业基础好、开发程度高、交通发达的地区，这些临近创新资源和要素丰富的地区或特大城市，往往具有良好承接数字创新要素转移和成果转化的地缘优势，以及雄厚的货物贸易、服务贸易基础。该模式应聚焦数字贸易集群化发展，注重"有中生优"、创新开放，从而获得新动力和新增长，布局发展科技含量高、带动能力强的高成长性产业，引入一批具有国际影响力和竞争力的一流龙头企业。该发展模式以上海为代表，上海自贸区有效加快了政府、企业数字化转型，构建创新数字经济多元协同治理体系，从而带动长三角一体化发展。

4.2.1.3 数字贸易自由港的发展模式

数字贸易自由港的发展模式，是指利用天然物理隔离的地理优势，重点发展离岸业务，支持跨境数据自由流动，以创新、引入、开放为主要形式。该模式适合拥有良好的港口投资区位和自由贸易环境、对外开放政策好的地区。通过政策吸引大规模的数字技术、人才、资金流入，实现企业的数字化转型，提升区域创新能力。注重"有中生新"，发展新技术、新业态、新模式，培育"AI+""5G+""创意+""生态+"企业，加快形成产业发展新动能。同时要瞄准国际标准发挥服务贸易在自由港的先导作用，把国际贸易投资领域的新变化作为数字贸易自由港建设的重要参考依据。该发展模式以海南为代表。作为离岸自由港，海南自由贸易试验区以发展旅游业、现代服务业、高新技术产业为主导，着力打造重要对外开放门户。

4.2.1.4 以大数据存储及衍生数字服务为主的发展模式

以大数据存储及衍生数字服务为主的发展模式，是指重点聚集数据这一新兴生产要素，从而实现数字贸易集群。其主要形式包括应用、共享、合作等。该模式适合自然环境好、资源禀赋优、产业结构亟待转型的地区。该模式应将大数据放到地区战略位置，建成国内一流的数据资源中心，提供较为全面和专业的大数据分析、挖掘、组织和管理等产业链条服务，利用大数据带动经济社会增长、服务广大民生、提升政府治理能力。注重数据清洗、挖掘、交易等各种新技术、新产品、新业态的开发和应用，充分利用大数据产业先发优势，发展成为国内甚至国际的标杆和样本，从而通过产业聚集效应吸纳优质企业和人才，以大数据推动地区发展全局。该发展模式以贵阳为代表，虽为欠发达地区，但贵阳凭借区位优势和长远的战略眼光深耕大数据"蓝海"，已经把大数据产业作为后发赶超的核心突破点。

4.2.2 中国数字贸易应用场景

全球产业结构、生产方式、产品形态和内容的变革催生了数字贸易，数据逐渐成为企业商业运作的核心，数字贸易已经影响了社会经济的各个领域。数字贸易能够提高企业运作效率，使贸易更加便利化、人性化，交互性更强，促进不同经济体系的融合和联合创新，激活新的市场领域，推动制造升级和消费升级。

4.2.2.1 电信、软件服务

（一）电信服务

根据通信业统计公报，2019年，我国固定数据及互联网业务收入

2175亿元，比上年增长5.1%，电信业务收入占比由上年的15.9%提升到16.6%；固定增值业务收入1371亿元，比上年增长21.2%。其中，网络电视（IPTV）业务收入294亿元，比上年增长21.1%；物联网业务收入比上年增长25.5%；移动数据及互联网业务收入6082亿元，比上年增长1.5%。截至2019年7月底，全国增值电信业务经营许可企业共72240家，其中，信息服务业务项目占比最大。在数字化转型的大潮下，电信行业的产品和服务无时无刻不在被创造和交付。在政府加快推动智慧城市建设的背景下，电信企业开始实施智能化战略，以5G、物联网、大数据、云计算为代表的新兴业务为行业赋能，虽尚未脱离主营业务独立生存和发展，但正逐渐创造市场份额，并加大自身影响力，数据流量增长成为数字化转型后企业的主要动能。

（二）软件服务

我国软件和信息技术服务业保持稳定增长的发展趋势，2019年，全国软件和信息技术服务业规模以上企业超4万家，累计完成软件业务收入71768亿元，同比增长15.4%。信息技术服务实现收入42574亿元，同比增长18.4%。其中，电子商务平台技术服务收入7905亿元，同比增长28.1%；云服务、大数据服务共实现收入3460亿元，同比增长17.6%。软件产业转型升级的关键是提高开发效率和产品质量、降低成本，从"软件制造"向"软件创造"跃进。

4.2.2.2 跨境电商

目前，全球服务贸易中有一半以上已经实现数字化，超过12%的跨境贸易通过数字化平台实现。2018年中国跨境电商交易规模达到9.1万亿元，用户规模超1亿。目前，我国跨境电商仍以出口为主，但随着国民对海外产品需求量的增大，进口电商市场发展空间较大，预计进口占比将不断提升。其中，网易考拉、天猫国际和海囤全球的市场份额位列跨境电商市场前三。但随着数字贸易规模的不断扩大，跨境贸易更加普惠化，原本由大企业主导的外贸行业结构正在重塑，越来越多的中小企业加入到国际贸易的分工中。

随着中国消费者购买力的不断提升，跨境电商市场内需也不断增大。电商法和跨境电商系列新政的出台进一步规范中国跨境电商市场，促进跨境电商行业的健康发展，同时全球化趋势、中国消费者购买力的提升将持续扩大跨境电商内需。2020年，国务院决定在已设立59个跨境电商综合试验区的基础上，再新设46个跨境电商综合试验区。对综试区内跨境电商按规定给予免征增值税、消费税、企业所得税等政策，支持企业共建共用海外仓，共享平台。

4.2.2.3 数字内容

数字贸易推动数字文化创意产业发展，它依托社会公共文化资源，催生新数字内容，广泛运用"互联网+"、大数据等平台实现内容创造与文化传播，推动数字文化行业之间的交流合作和知识共享，推进数字文化创新。数字贸易让文化产品和服务供需精准对接，以内容创新为核心，为群众提供多层次多样化的文创产品和服务。

（一）数字出版领域

从用户规模来看，2019年中国数字阅读用户总量达到4.7亿，人均电子书年接触量近15本。数字阅读内容创作者规模持续扩大，已达到929万人。从市场规模来看，2019年中国数字阅读整体市场规模已达到288.8亿元，同比增长13.5%，其中大众阅读市场规模占比超过95%。同时，网络原创内容改编成为新热潮，文学IP改编作品成为影视剧本的最大内容源。

（二）数字视听领域

截至2020年3月，中国网络视频（含短视频）用户规模达8.50亿，较2018年底增长1.26亿，占网民整体的94.1%。2019年，在手机用户经常使用的各类App中，除即时通信类App的使用时间最长外，网络视频（不含短视频）、短视频、网络音频、网络音乐类应用的使用时长占比近半。

网络视频市场规模的扩大，也伴随着视频使用和付费习惯的变迁。从行业布局来看，爱奇艺、优酷、腾讯三家视频平台占据大部分流量，"头部效应"越发明显。除视频网站之外，传统电视媒体也加入数字视听市场中，芒果TV成功地实现了由传统卫视向视频网站的扩展，并占据了一定市场份额。

（三）数字学习领域

数字学习领域主要涉及在线教育领域，截至2020年3月，我国在线教育用户规模达4.23亿，较2018年底增长110.2%。在线教育市场每年保持超过20%的增速，行业集中度进一步提升，互联网缩短了城乡之间获取信息的时间差，使得在线教育市场持续下沉，并且在线职业教育用户使用时长最长，在线语言教育需求增长最快。

（四）数字娱乐领域

2019年，我国游戏用户超过6亿，游戏市场实际销售收入2330.2亿元，同比增长8.7%，用户规模、自主研发、海外市场等主要指标均明显增长。我国游戏用户趋于饱和，游戏市场也趋于成熟，移动游戏不断出现新模式、新应用，而且超九成游戏用户看重产品的创新。目前中国自主研发的移动游戏在美、日、韩、英、德等国家的流水同比增长率均高于该国移动游戏市场的增速，表明国产移动游戏在海外市场已经具备一定的创新优势。

未来，无论是信息技术的发展，还是用户消费习惯的转变，都将为文化产业打开新空间。数字内容产业需进一步加快对数字化产品、服务的转型和布局，在供给端提质、扩容，生产出更多优质内容，并借力新技术，切实提高数字内容消费的便利性和体验感。

4.2.2.4 新零售

新零售以数据为驱动，围绕消费者全方位体验，满足多样化、个性化的消费需求，发展品质零售、智慧零售、跨界零售、绿色零售，通过与互联网、大数据、人工智能等新技术的深度融合，调整商品和业态结构，加快实体零售企业的创新转型，从而实现无障碍交易和销售新增长。

线下超市、便利店入驻外卖配送体系，企业门店同时作为线上企业配送前置仓，电商企业和实体零售的资源整合与相互引流为消费者提供了更舒适的线上线下购物体验。与此同时，电商平台还面向更大范围开放其包括智能选址、精准营销、会员管理在内的全流程、智慧门店解决方案，促进形成线上带动线下，线下反哺线上的全新交互商业形态。

除传统电商购物 App 之外，具备社交属性的微博、微信、短视频平台等新电商渠道快速发展并互联互通，网红电商带动粉丝经济蓬勃发展，使商家在不入驻电商平台的情况下也能享受平台企业的营销、物流、金融、大数据等资源服务。淘宝、天猫、抖音等通过视频与直播内容推荐好物，致力于用户购物以后的真实分享，侧重用户之间的问答以及电商导购，满足消费者的需求。现代快节奏生活一定程度上提高了时间成本，"一站式"购物成为不少消费者特别是家庭消费群体的选择。

4.2.3 中国数字贸易发展案例

4.2.3.1 中国（上海）自由贸易试验区

中国（上海）自由贸易试验区，是中国政府设立在上海的区域性自由贸易园区，位于浦东，是中国自由贸易区。2013年9月29日中国（上海）自由贸易试验区正式成立。上海自由贸易试验区范围涵盖上海市外高桥保税区、外高桥保税物流园区、洋山保税港区、上海浦东机场综合保税区、金桥出口加工区、张江高科技园区和陆家嘴金融贸易区七个区域。

2013年9月27日，国务院发布了中国（上海）自由贸易试验区总体方案。其中提出了上海自贸区发展的总体目标和发展模式，通过试验进行改革，推动政府转变职能，促进服务业进一步开放和引进外资管理体制改革，着力发展总部经济和新型贸易业态，加快探索资本项目可兑换和金融服务业全面开放，探索建立货物状态分类监管模式，进而形成促进投资及创新的政策体系，大力营造国际化和法治化的环境，努力促进建成与国际水平看齐的投资贸易便利、货币兑换自由、监管高效便捷、法制环境规范的自由贸易试验区。

（一）上海自贸区发展历程

1990年6月，中国第一个保税区上海外高桥保税区成立，目前上海外高桥保税区已经建设成我国经济规模最大、业务功能全面的特殊监管区。2005年12月国务院批准成立洋山保税港区。2009年7月浦东机场综合保税区成立，具备保税区、出口加工区和保税物流园区三种特殊监管区域的功能。2009年11月，外高桥保税区、洋山保税港区以及浦东机场综合保税区合并，组成上海综合保税区，形成三区联动、多点突破、共同发展的格局。

2013年8月，中国（上海）自由贸易试验区在综合保税区的基础上正式成立。2013年9月27日，国务院发布中国（上海）自由贸易试验区总体方案，9月29日上海自由贸易区正式挂牌成立。正式成立后，自贸区积极发布了相关的地方性法规，对负面清单、准入前国民待遇、自由贸易账户等新领域做出规范和创新。

国务院于2015年4月20日公布了《进一步深化中国（上海）自由贸易试验区改革开放方案》，扩展了自贸区面积，自贸区进入下一个发展阶段。新的阶段面临新的改革任务。深化改革方案实施后，上海自贸试验区在推进"单一窗口"建设、完善负面清单、探索实行"多证联办"或"三证合一"登记制度、探索适合境外股权投资和离岸业务的税收政策等一系列制度上进行创新，推动我国与国际相关规则的接轨。

2017年3月，国务院发布了上海自贸区的第三个改革方案《全面深化中国（上海）自由贸易试验区改革开放方案的通知》，使自贸区进入更高的发展层次。自贸区提出"改革系统集成"的概念，并实施"三区一堡"的建设方针，即建设综合改革试验区、风险压力测试区、政府治理能力先行区，推动"走出去"的桥头堡。2018年底，深改方案提出的98项重点改革任务已完成96项。

2019年8月，国务院发布《中国（上海）自由贸易试验区临港新片区总体方案的通知》。8月20日，临港新片区正式成立，新片区的范围包括上海大治河以南、金汇港以东以及小洋山岛、浦东国际机场南侧区域。按照"整体规划、分步实施"原则，先行启动南汇新城等区域。国务院对临港新片区提出了总体发展目标：到2025年，构建较为成熟的投资贸易自由化便利化制度体系，建成多个开放程度更高的功能型平台，汇聚世界一流企业，显著增强区域的创造力和竞争力，提升经济实力和经济总量。到2035年，建成具有较强国际市场影响力和竞争力的特殊经济功能区，制度建设更加成熟，具备全球高端资源要素配置的核心功能，推动中国深度融入经济全球化。

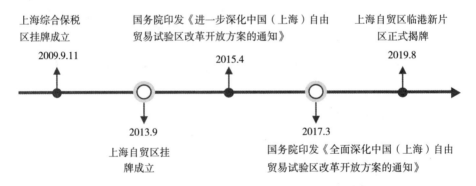

图4-2 上海自贸区的五个发展阶段

（二）上海自贸区发展现状

整体上，2018年上海自贸区规模以上工业总产值达到4965亿元，是新区的48.2%，占全市的14.3%。实现外贸进出口额1.46万亿元，占新区70.9%，占全市42.8%。社会投资继续保持活跃，2018年全年新设立企业约7200户，累计新设5.88万户，试验区内共有企业8.85万户，占新区31.1%。

在金融建设领域，已汇聚9家全球规模排名前10的资管机构、14家外资独资资管公司，51家国际知名金融机构被吸引，69家资产管理机构成立，99家跨国公司地区总部设立于此。全市已有56家金融机构通过分账核算系统验收，累计开立13.6万个自由贸易账户，覆盖到全市四类企业，4000多家企业开立。实现跨境人民币结算总额2.55万亿元，占上海全市35.3%；跨境双向人民币资金池收支总额达到4826亿元，同比增长1.7倍。

在贸易领域，上海自贸区已经具有6个销售额达到千亿的产业和10个销售额达到百亿的产业。上海自贸区共新设外资项目601个，吸引合同外资42.3亿美元，实际使用外资24.9亿美元，在浦东新区和全市占比分别为72.5%、70%、76.9%，20%、19%、34.4%。

对外投资方面，自贸区企业对"一带一路"沿线国家和地区投资总额21亿元，同比增长3%。

营商环境方面，企业登记环节审批速度大幅提升。并且通过试点签发自动进口电子许可证，实现全程无纸化的非机电类自动进口许可证达到90%以上，对于机电类自动进口许可证，办理时间缩短至8个小时，保税区域货物进口整体通关时间大幅缩减，每年直接降低费用4亿元以上。上海自贸区还充分发挥与浦东新区合署办公的制度优势，大力推进"证照分离"改革。

政务管理方面，积极推动电子政务发展，"互联网＋政务服务"模式已基本建立，浦东新区327项涉企事项已全部进入网上政务大厅，53%的事项实现不见面审批，47%的事项实现"只跑一次"，实际办理时间比法定时间压缩85%。

表4-1　2018年中国（上海）自由贸易试验区主要经济指标及其增长速度

指标	绝对值（亿元）	比上年增长（%）
税收总额	2680.20	12.1
一般公共预算收入	648.16	12.0
外商直接投资实际到位金额	67.70	−3.5
全社会固定资产投资总额	638.07	−6.2
规模以上工业总产值	4965.00	−0.7
社会消费品零售额	1515.67	1.4
商品销售总额	40874.86	7.2
服务业营业收入	5723.97	11.8
外贸进出口总额	14600.00	4.1
出口额	4542.50	8.3
期末监管类金融机构数	887	4.5

资料来源：2018年上海市国民经济和社会发展统计公报。

（三）上海自贸区发展特点

（1）产业发展成熟，发展起点高，拥有先天优势。

上海自贸区涵盖保税区、陆家嘴金融贸易区以及张江高科技园区等区域，处于中国最发达的地区之一——长三角地区。借助于上海成熟的产业优势以及雄厚的服务和贸易实力，自贸区把握优势，优先发展国际贸易、金融服务、航运服务、专业服务和高端制造五大产业。上海自贸区发展立足于货物贸易，是相对于世界上其他自贸区、自由港的极大优势。中国已经多年蝉联世界第一贸易大国和世界第一制造业大国，上海市2019年累计实现外贸进出口总额34046.82亿元。而且上海本地制造业相当发达，并且利用南北接壤、制造业发达的苏浙两省以及邻近的安徽、江西、湖南、湖北等省市的资源，使货物贸易的发展得到有力支持。在服务贸易方面，上海比其他城市对外开放更早，服务贸易起步早，国家的服务贸易发展政策和上海市政府的支持使近年来上海服务贸易发展规模不断扩大，增长速度也逐年上升，上海的服务贸易一直在全国处于领先地位。自贸区借助于上海市的服务贸易产业优势，各个片区根据自身特色发展适宜功能，航运、金融、保险等行业在自贸区形成产业集群，使得服务贸易更加有竞争力。再加上改革创新的制度政策引领，上海自贸区经济取得了高速发展，以1/50的面积创造了上海市1/4的生产总值，说明上海自贸区具有先发优势。

（2）制度创新，传统产业转型升级

产业转型升级主要有两个方向，一是通过引进境外优秀技术、人才和企业，加强沟通交流，实现原有产业转型升级；二是大力发展境外投资，推动国内企业"走出去"，拓展国际市场。在"引进来"方面，落实准入前国民待遇加负面清单管理制度，推动投资贸易便利化，并且创新监管制度，金融开放方面包括建设金融市场平台、提升投融资汇兑便利化水平、扩大人民币跨境使用、金融综合监管试点和外汇管理改革等，在市场监管中简化事前审批，强化事中事后监管。实行以上制度，扩大自贸区开放程度，引进境外优秀企业投资。对于推动国内企业"走出去"，自贸区境外投资制度不断创新，投资规模大幅增长。自贸区实施的境外投资备案管理、取消境外融资的前置审批，创新股权投资基金的出海等制度，创造了投资便利、融资便利、模式创新的优势，对外投资逐年增长。

（3）持续扩区，发展高端产业，建设特殊经济功能区

2020年8月6日，国务院发布《中国（上海）自由贸易试验区临港新片区总体方案》，表明上海自贸区迎来新的发展机遇。新片区的建设是在其他片区经验政策的基础上，提出新的发展目标，打造"更具国际市场影响力和竞争力的特殊经济功能区"，并且此次扩区也为后续自贸区升级自由港打下了基础。方案中提出：临港片区要对标国际上公认的竞争力最强的自由贸易园区，选择国家战略需要、国际市场需求大、对外开放度要求高但其他地区尚不具备实施条件的重点领域，实施具有较强国际市场竞争力的开放政策和制度，加大开放型经济的风险压力测试。具体

要深化电信、教育、医疗、文化、金融、制造业等重点领域开放，聚集高端产业，大力发展离岸经济、创新经济、总部经济和数字经济，建立与国际通行规则相衔接的制度体系。

（四）成功案例

本案例来自《首届中国（上海）自由贸易试验区制度创新经典样本企业》案例汇编。

上海百家合信息技术发展有限公司是百视通与微软共同投资的合资公司，也是上海自贸试验区挂牌当天第一家入驻的企业。百家合主要经营业务为游戏的开发制作和发行。

上海自贸区成立以前，我国对于游戏相关业务的外资管控非常严格，禁止外资进入，也没有相关业务的外资公司。所以中国主机游戏业务发展缓慢，但国际上这类业务发展已相对成熟。直到国务院发布《中国（上海）自由贸易试验区总体方案》，提出服务业扩大开放措施——允许外资企业从事游戏游艺设备的生产和销售，通过文化主管部门内容审查的游戏游艺设备可面向国内市场销售。此后开始允许外资在国内投资游艺设备。2014年1月6日，国务院办公厅进一步发布通知，明确了总体方案提出的游戏游艺设备的相关规则。而且自贸区实行的商事制度改革政策也进一步促进了外商的投资。商事制度改革包括对于外资企业从事游戏游艺设备业务实行备案制而不是审批制，实行工商"先照后证"的登记制度，并且设立"单一窗口"制度，这些措施都为外资投资游戏产业带来了极大的便利。

百家合不仅向国内引进高质量的游戏商品，也积极向海外输出国内优秀的原创游戏作品。经过几年的发展，百家合把握住了上海自贸试验区服务业扩大开放这个机会，从初创公司发展到现在已经实现高额盈利。百家合的快速发展显现出自贸区政策的便利和各项制度对企业的周到服务。

4.2.3.2 海南自由贸易试验区

中国（海南）自由贸易试验区，简称"海南自贸区"。根据《中国（海南）自由贸易试验区总体方案》的整体规划，海南自贸区将以旅游业、现代服务业以及高新技术产业作为主导产业，致力于打造我国全面深化改革开放试验区、国际旅游消费中心、国家生态文明试验区以及国家重大战略服务保障区。

2020年6月1日，中共中央、国务院印发《海南自由贸易港建设总体方案》，根据这一方案，可以将海南自由贸易港的发展模式总结为"六个自由、四个制度以及一个体系"。"六个自由"指的是贸易自由便利、投资自由便利、跨境资金流动自由便利、人员进出自由便利、运输来往自由便利、数据安全有序流动；"四个制度"指的是要加强税收、社会治理、法治、风险防控等四方面制度建设；"一个体系"是构建现代产业体系，根据海南的区位优势及特色，大力发展旅游业、现代服务业和高新技术产业。

（1）中国（海南）自由贸易试验区的发展历程

2018年，中央着眼于我国改革开放和社会主义现代化建设全局的重大战略决策，提出在海南全岛建设自由贸易试验区，支持海南逐步探索、稳步推进中国特色自由贸易港建设，分步骤、分阶段建立自由贸易港政策和制度体系。中国（海南）自由贸易试验区的发展历程如下表所示：

表4-2 中国（海南）自由贸易试验区大事一览表

时间	事件
2018年4月13日	在海南省暨海南经济特区30周年大会上，习近平总书记郑重宣布，党中央决定支持海南全岛建设自由贸易试验区
2018年4月14日	中共中央、国务院发布《关于支持海南全面深化改革开放的指导意见》
2018年10月16日	国务院批复同意设立中国（海南）自由贸易试验区并印发《中国（海南）自由贸易试验区总体方案》
2019年6月28日	习近平总书记在G20大阪峰会上发表重要讲话时指出要"加快探索建设海南自由贸易港进程"

时间	事件
2019 年 10 月 28 日至 31 日	习近平总书记在党的十九届四中全会上 4 次提及海南，全会决定明确提出"加快自由贸易试验区、自由贸易港等对外开放高地建设"
2019 年 11 月 5 日	商务部等 18 部门联合印发《关于在中国（海南）自由贸易试验区试点其他自贸试验区施行政策的通知》
2020 年 6 月 1 日	中共中央、国务院印发《海南自由贸易港建设总体方案》
2020 年 6 月 3 日	海南自贸港 11 个重点园区同步举行挂牌仪式

资料来源：公开资料整理。

（2）中国（海南）自由贸易试验区发展现状

第一，在口岸营商环境建设方面。海南自贸区出台《优化口岸营商环境提升跨境贸易便利化水平 12 项措施》，对照世界银行营商环境评价指标，在全国范围内率先推出如优质农产品出口动态认证＋免证书免备案等多项创新成果。根据海口海关的统计数据，2019 年海南口岸的进出口整体通关时间分别为 44.24 小时以及 3.2 小时，相较于 2017 年，分别下降了 65.2%以及 97.1%，提前两年完成方案要求。而在 2020 年第一季度中，海关进出口通关时间已经分别降为 6.04 小时和 0.22 小时，超同期全国水平近四成，极大地提升了贸易便利化水平。此外，海关运用现代化技术，积极建设自贸港海关智慧监管云平台，并大力推广应用国际贸易"单一窗口"、"互联网＋预约"等便捷通关服务。

第二，在对外贸易方面。海南 2019 年进出口贸易额达到了 905.9 亿元，相较于 2018 年增长了 6.8%。其中外贸出口 343.7 亿元，同比增长 15.4%；进口 562.2 亿元，同比增长 2.1%。与习近平总书记"4·13"重要讲话前后两年的相关数据进行对比，海南省在 2018 年 4 月至 2019 年 3 月的两年间对外贸易进出口总值达 1838.6 亿元，相较于 2016 年 4 月至 2018 年 3 月这一区间增长 31.8%。此外，海南 2019 年的外贸伙伴已经覆盖了全球 183 个国家和地区，其中与"一带一路"沿线国家的进出口贸易额已经达到 352.3 亿元，相较于 2018 年增长 10.6%。在从事外贸的企业中，虽然外资企业依旧是海南的外贸主力，但参与外贸的国有企业与民营企业的规模明显增加，国有企业的进出口贸易额达到202亿元，与2018年的数据相比，增长了一倍以上，民营企业的进出口总额也达到了195.5元。

第三，在高新技术产业方面。2019年，海南省高新技术企业数量达到566家，同比增长48.6%。此外，海南新设省级重点实验室8家，院士创新平台61家，科技企业孵化器1家，众创空间2家，全省各类创新平台和服务机构数量累计达到600家。

（3）中国（海南）自由贸易试验区的发展特点

海南自由贸易试验区与其他自由贸易试验区建设相比，既有共性的一面，又有不同的特色。

①建设中国特色自由贸易港

海南自由贸易港是按照中央部署，在海南全岛建设的中国特色自由贸易港，是党中央着眼于国际国内发展大局，深入研究、统筹考虑、科学谋划后作出的重大决策。自贸港与自贸区存在着多方面的区别。中共海南省委全面深化改革委员会办公室（自贸办）副主任许建鹏指出自贸区主要为贸易自由化探路，而自贸港则是树立中国特色社会主义制度下最高开放形态的标志。此外，自贸区更多注重在其内部推行的政策是否可以借鉴并推广到其他地区，而自贸港将更多地关注于对国际通行规则的参与和制定。另外，自贸港把制度集成创新摆在突出位置，更加注重体系的创新。

②建设海关监管特殊区域

海南自贸港将在实现有效监管的前提下，建设全岛封关运作的海关监管特殊区域。在自贸港和中华人民共和国关境外其他国家和地区之间设立"一线"关卡，而在海南自由贸易港与中华人民共和国关境内的其他地区之间设立"二线"关卡，并实施"一线"放开、"二线"管住的特殊海关监管机制。此外，对海南自由贸易港内的企业及机构实施低干预、高效能的精准监管，以实现自由贸易港内企业自由生产经营。

③推进服务贸易自由便利

海南自贸区将现代服务业作为主导产业，同时作为全国服务贸易创新试点地区，对于服务贸易具有极高的开放程度。海南自贸港将对服务贸易实行以"既准入又准营"为基本特征的自由化便利化政策举措。并通过实施跨境服务贸易负面清单制度，破除跨境支付、境外消费、自然人移动等服务贸易模式下存在的各种壁垒，给予境外服务提供者国民待遇来推进服务贸易自由便利。

（4）应用场景案例：全国首单沪琼自由贸易账户联动业务

2019年1月1日，海南自由贸易账户（FT账户）体系正式上线，并于2019年1月29日由中国银行海南省分行联动上海中行、海外中行成功办理了全省首单自由贸易试验区联行代付项下融资性风险参与业务。目前，海南共有5家银行173个网点可以开办FT账户业务。

FT账户可为企业提供跨境收支、跨境贸易融资、基于离岸汇率的本外币兑换以及贷款投放等服务。通过这样的业务可以实现不同自贸区之间资金的有效流动，对于未来探索不同自由贸易区之间的交流合作以及模式创新具有极为深远的意义。此外，长期以来，国内的机构都是通过委托境外银行来进行代付类业务，而通过FT账户，自贸区内的银行也将可以为境外银行进行这一业务。随着海南自贸港开放程度的不断提高，对外贸易规模不断扩大，这一应用将有助于推动自由贸易试验区金融的开放创新，有效扩大优质资产规模，提升国际化水平，助力打造开放型经济新体制。

4.2.3.3 雄安数字商务发展示范区

相较于上海、海南自贸区关于数字经济或数字贸易发展的主要方向来说，雄安数字商务示范区的建设则是一个从"无"到"有"，由"0"到"1"的过程。该示范区成立之初，就着眼于以数据交易、数据中心和数字内容运营与加工为代表的数字贸易高端业态，并争取在数字贸易规则制定方面发出"中国声音"。

（1）雄安数字商务示范区发展历程

2017年4月，雄安新区设立。

2019年8月，国务院正式印发《中国（河北）自贸试验区总体方案》，其中在引领雄安新区高质量发展方面，提出建设雄安数字商务发展示范区。

2019年10月，雄安新区被授权为国家数字经济创新发展试验区，将在数字经济产业、生产要素、生产关系等方面进行探索创新，以便为高质量发展提供有力支持。

2020年4月，《河北省数字经济发展规划（2020—2025年）》提出大力支持雄安国家数字经济创新发展试验区的建设与发展。

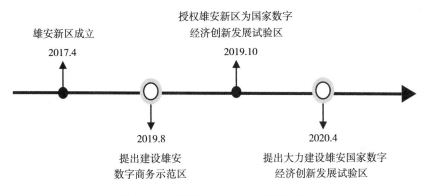

图4-3 雄安新区数字贸易发展历程

（2）雄安数字商务示范区数字化现状

①5G布局

5G网络的覆盖是"智慧雄安"基础设施建设的一部分。2017年9月，河北省第一个5G基站在雄安建成；2019年3月新区内的重点区域已经实现5G网络覆盖；2019年4月，省会石家庄实现与新区之间的跨区域5G通话。目前，规模更大、覆盖更广、性能更强的5G预商用网络正在规划中。

②数字智能城市建设

数字化智能成为雄安新区城市建设的主基调，包括市政交通、工地建设等。2019年新区总共发布了12个智慧城市建设项目（如表4-3所示），除了基本的物联网、5G等基础设施建设，新区还把数据建设作为智能城市建设标准体系的重要部分，符合数字经济时代下，数据作为新的生产要素的新趋势。

表4-3　雄安新区数字化城市建设研究项目

项目名称	主要承担单位	主要研究内容
物联网建设导则（道路）	中国雄安集团数字城市科技有限公司	对雄安新区市政道路、隧道和桥梁建设智能感知终端的现状及发展进行研究，并预测其未来发展趋势，做好终端在物理空间及感知数据在数字空间的预留和演进
物联网建设导则（楼宇）	中国建筑科学研究院有限公司	包括建筑物联网边缘端实时数据处理技术、基于CIM的建筑物联网全生命周期管理、智能感知终端部署方案研究、行业SaaS解决方案等
物联网建设导则	广州杰赛科技股份有限公司	提出城市建设典型场景下的物联网络相关要求，旨在构建全区域覆盖的物联网感知体系，同时，研究雄安新区物联网演进趋势和演进路径，为未来物联网部署做好预留
5G通信建设导则	广东南方电信规划咨询设计院有限公司	围绕雄安新区智能城市建设与发展的定位和需求，研究5G网络建设目标、思路以及原则。根据不同数字化应用场景，实现5G基站设计与建筑设计、公共设计、景观设计融合统一，集约规建，深度共享，适度预留
建构筑物通信建设导则	中国联合网络通信集团有限公司	紧密结合道路、楼宇、综合管廊等不同建构筑物特点以及建设时序，充分分析未来网络需求，共建共享，做好资源预留，做好安全防灾，精准施策
智能接入设备（XA-Hub）规划建设导则	河北雄安新区规划研究中心	围绕多类型智能感知终端网络接入和信号传输需求，研究和分析感知终端接入技术要求，数据对智能接入设备的传输、安全保障等要求，以及智能接入设备的布设、安装及维护等要求
数据资源目录建设通用要求	中国电子信息产业发展研究院	从基础信息资源的调查研究整合、信息资源目录的编制、信息资源目录管理等方面进行研究，明确元数据描述、代码规划以及相关工作的组织、流程、要求，对分散在各级政务部门、各领域的信息资源进行整合和组织，构建雄安新区信息资源目录体系

续 表

项目名称	主要承担单位	主要研究内容
数据管理总体规范	中国信息通信研究院	从总体指导、建章立制、具体操作以及标准支撑等角度进行研究，围绕数据生产汇聚、数据共享开放、数据开发利用、数据安全等环节，研究数据资源管理的主体、职能配置及其运行机制，提出数据管理要求、程序
数据开放共享管理规范	中国电子技术标准化研究院	围绕雄安新区政务数据资源开放共享管理与服务，研究共享交换目录、共享交换平台、共享服务、开放目录、开放平台、开放服务的现状以及开放共享系统的参考框架、评价标准，明确当前的政务数据资源共享程度、公共数据开放程度
数据安全建设导则	电科网络空间安全研究院有限公司	面向城市海量数据的差异化承载环境，研究面向不同行业、领域的数据安全基础支撑体系；研究数据安全技术及其应用模式，形成从采集、传输、存储、分析、交换到销毁的全流程数据安全技术要求；分析智能城市数据安全工程的实现方法，规范数据安全的顶层规划、体系化设计、建设实施等过程的相关要求
数字身份建设导则	北京首跃科技有限公司	围绕《河北雄安新区规划纲要》对于"打造城市全覆盖的数字化标识体系以及建立企业与个人数据账户"的要求，从雄安数字身份体系建设政策依据、定义目标原则、体系框架、技术思路和数字身份形式化表达等多个方面进行研究，明确雄安数字身份体系工作路径；对雄安数字身份体系的管理制度、服务模式、技术标准体系等进行研究，明确雄安数字身份体系的可扩展性，能适应新增类型的数据主体对于数字身份的需求
智慧工地建设导则	中移物联网有限公司	研究在施工工地中运用5G技术、AI、VR/AR、BIM模型、GPS人员定位等技术，管理好"人、机、料、法、环"，达到预警预控、提前防范、快速解决问题的效果，切实满足监管部门、项目管理者对建造过程的动态监管需要。研究智慧工地相关场景对物联感知终端的要求、跨多种智能传感设施的数据格式以及传递、交换、存储等要求和面向应用场景的分类分级的安全保障要求

资料来源：公开资料整理。

（3）雄安数字商务示范区发展特点

①打造数字贸易综合服务平台

支持建立数字贸易综合服务平台，通过综合服务平台为数字贸易发展提供良好的服务和优惠的政策，使得数字商务示范区的企业获得良好的效益并持续发展，促进相关项目的引进和产业发展，保证数字商务示范区建设的目标实现。数字商务服务平台层以数字政务、落户企业为核心，支持示范区的建设和运营，带动整个示范区的发展。

②数字贸易规则的"中国声音"

目前我国在发展数字贸易方面仍存在不少壁垒，在数字贸易规则和标准方面缺乏话语权。雄安数字商务示范区的一些有益实践，将有利于我国开拓更大范围的数字贸易市场。另外，通过示范区的建设和运营经验来降低数字壁垒，探索符合国情的数字贸易发展规则，参与数据资产国际贸易规则和协议制定，有助于在全球数字贸易基础层面发出"中国声音"。

③重点关注数字贸易高端业态发展

雄安建设数字商务示范区以大数据交易、数据中心和数字内容等高端数字贸易业态为发展方向，打造数字贸易高端产业集群。此外，在数字商务发展示范区内探索建立影视、游戏和音乐等数字内容加工与运营中心，开展数字内容加工与运营服务。

（4）数字化应用案例

首先，在智慧校园方面，中国人民大学附属小学雄安校区通过对校园学习和生活的场景化，在学生进出校园、考试、上课以及就餐方面均实现了刷脸功能，打造出具有自身特色的校园场景化互联网综合解决方案。

其次，24小时无人书屋已于2019年6月成功试点运营。通过5G网络，为借书、还书以及在线阅读等场景提供支持，同时，还通过大数据平台分析读者习惯，进行个性化阅读推荐服务，提高了读者运营维护的效率。

最后，投入并使用基于区块链技术的资金管理平台，能够对信息流和资金流进行全生命周期溯源，打造"廉洁雄安"。

2020年4月，雄安新区成为首批数字人民币（DCEP）内部封闭测试试点，以餐饮、零售业的企业为主。

4.2.3.4 案例比较

通过对上述三个中国数字贸易发展案例的梳理，可以简单看出，目前我国各个试验区在数字贸易发展方面有着不同的侧重点。上海注重服务贸易的发展，海南注重贸易的数字化，比如跨境电商，雄安则是站在一个更高的起点来发展，从零开始，主打大数据交易、数字内容和数据中心等数字贸易高端业态。本报告基于前面的资料，对三个地区进行了简单的比较，相关结果如表4-4所示。

表4-4　案例比较

地区	发展模式	区位特点	发展历史	服务平台	贸易规则	关税	已有优势
上海	服务贸易为主	毗邻长三角、国际交通枢纽	保税区（2009）→自贸区（2013）→自贸新片区（2019）	服务贸易交易促进平台	不涉及	出口退税、进口前国民待遇	贸易基础好；产业配套成熟
海南	跨境电商、生态文明建设	与大陆分离、靠近珠三角和东南亚	自贸港建设提出（2019）→自贸港建设方案公布（2020）	跨境电商综合服务平台	不涉及	设置个人免税额度、进出岛即算关税	"全域性"试点
雄安	以数据交易、数字内容为主的纯数字贸易	深居内陆、发展从零开始，发展起点和定位高	数字商务示范区提出（2019）→数字经济创新试验区（2020）	数字贸易综合服务平台	涉及	暂未涉及关税	国家层面的政策支持；政治考量

5. 数字贸易发展提议

本研究在分析当前数字贸易发展态势后，结合中国实际，提出了数字贸易发展提议，简单来说可以概括为：1个发展宗旨 +3个发展方向 +8个发展关键点 +8个发展建议，如图5-1所示。

图5-1　数字贸易发展倡议核心要点

5.1 发展宗旨

全球数字贸易的发展宗旨即"全球数字贸易共同体"。2012年11月中共十八大明确提出要倡导"人类命运共同体"意识。习近平总书记会见外国人士时表示，国际社会日益成为一个你中有我、我中有你的"命运共同体"，面对世界经济的复杂形势和全球性问题，任何国家都不可能独善其身。

当今世界经济面临着百年未有之大变局，经济全球化、数字化的潮流不可逆转，但也面临诸多共同挑战。全球数字贸易共同体是一种以应对全球经济进入数字化时代的共同挑战为目的的发展宗旨。

5.2 发展方向

方向一：综合数字贸易平台

综合数字贸易平台是未来数字贸易发展的方向，其原因可以被归纳为如下几点：第一，数字贸易具有极强的数字化特性，它要求数字平台有能力支撑海量数据流动，而综合数字贸易平台可以满足这一需求；第二，综合数字贸易平台有利于统一数据接入规则，解决由数据接入规则不一致造成的诸多问题，降低数据对接成本；第三，综合数字贸易平台有利于各国主管部门对数字贸易进行监管，便于利用数字化技术提高监管水平；第四，统一的综合数字贸易平台有利于发挥规模效应，降低数据流动成本，提高数据流动效率。因此，数字贸易综合服务平台是数字贸易发展的必然选项。

方向二：可信交易生态

数字信任是未来数字贸易发展的基石。可信交易生态是一个高度可信的数字贸易环境，能够确保数字贸易各环节的网络安全，具体包括交易主体可信任、交易对象可信任和交易行为可信任。数字贸易相比较于传统贸易将更加凸显在交易保障、支撑体系、交易规范和标准等方面的巨大优势。未来数字贸易一定是一个交易主体可信任、交易过程可信任、交易行为可信任的可信交易生态圈。

方向三：全球价值链联动

数字化技术和手段的使用让数字贸易突破了传统贸易的局限性。数字贸易活动不再是传统卖家和买家两者之间的简单交换过程，而是体现全球价值链联动的过程。这一过程将使价值链各环节的链接更加紧密，信息共享更加高效和快速，数字贸易将打破价值链"链"和"网"的传统结构，形成各环节高效直通互联的数字贸易共同体。因此，全球价值链联动一定是未来数字贸易的发展方向。

5.3 发展关键

5.3.1 数字贸易基础设施

5.3.1.1 基础设施未来趋势

（1）5G 未来趋势

受中美贸易战影响，国际间的 5G 争夺会更加激烈。"去 IOE"和"去高通"的趋势明显增强。国内也会更加重视对通信设备以及半导体产品的自主研发。放眼后疫情时代，5G 不仅在支撑疫情防控、助力复工复产方面有重大意义，也在促进消费、助力升级、培养经济发展动能等方面有巨大的潜力。技术方面，5G 将推动基础网络的改革。

①5G 将推动基础网络的服务化

5G 的发展导致基础设施和上层应用的边界开始模糊，基础网络将嵌入面向用户的服务过程，所以 5G 将推动基础网络的服务化。

②5G 将推动基础网络的虚拟化

相比于前一代技术，5G 可以通过网络分片技术支撑更为丰富和灵活的互联网业态，推动了基础物理网络的虚拟化。

③5G 将推动基础网络的智能化

随着 5G 的发展，通信网络的渠道功能将不断弱化，数据传输功能得到强化，推动了相关应用的智能化转型。

（2）物联网未来趋势

在中美贸易战中，我国的策略是积蓄足够力量进行产业链升级，避免因对抗给本土的物联网产业链带来严重损害，从而为抢占国际物联网产业高地赢得先机。在新冠肺炎疫情期间，"线上替代线下"逐渐成为趋势，物联网为"非接触式"交易提供了技术支持。物联网技术在智能制造、便民服务等领域大显身手，成了"科技战疫"的关键。同时，新冠肺炎疫情期间产生了不少具有推广价值的物联网解决方案，部分紧急方案也得到了拓展以确保继续使用。总体来说，中美贸易战没有损害物联网产业的发展，新冠肺炎疫情加速了物联网的应用落地。物联网本身也会在应用中得到进一步发展，具体的发展趋势如下：

①人工智能将融入物联网

物联网是支持设备数据采集的基础，为数据分析营造了良好的条件。人工智能整合到物联网中，将进一步增强物联网的能力，使得产品更加智能化。

②物联网所带来的安全隐患凸显

物联网设备会收集大量数据，由此带来的隐私泄露等安全隐患不容忽视，因此整合并完善物联网相关的标准政策至关重要。

③物联网将融合5G技术

将5G技术融入物联网设备，不但可以降低延迟，还可以大大提高与嵌入式通信的可靠性。融入5G的物联网设备，可以更好更快地收发数据，实现实时通信和数据的无缝衔接。

（3）数据中心未来趋势

受中美贸易战影响，我国数据中心有扩大国产设备的使用量、设备厂商器件国产化、加大研发投入的趋势。在新冠肺炎疫情期间，云办公的趋势得到增强，越来越多的科技企业开始建设云平台、提供新型应用和服务。而作为底层支撑的数据中心，自然成了信息化过程的支柱。中美贸易战和新冠肺炎疫情都有加速数据中心发展的趋势。数据中心未来的发展趋势如下：

①小微型数据中心存在发展空间

随着CPU等硬件的进步，未来的计算需求不会全部集中在后端。即使大部分在后端处理，但计算量小且时延要求高的计算，仍然更适合在靠近用户的小微型数据中心处理，分布式的小微型数据中心仍然有新的发展空间。

②政策和成本等因素会影响数据中心区域布局

受到政策、成本等驱动因素影响，数据中心在空间分布上将有新的布局。北上广深等发达城市是业务需求量最大的城市，数据中心供不应求。但是这些城市的土地、政策、电力导向等方面，已经无法再大量建设，因此，数据中心会从发达城市向周边城市延伸布局。

5.3.1.2 基础设施发展提议

（1）信息通信网络——5G

①应积极搭建国际交流对话平台

我国在国际舞台应积极推动5G研发、应用、安全等相关议题，积极参加国际协议，以此提升我国在5G发展方面的国际影响力。

②应加强监管机制方面的规则制定

我国应专门建立5G的"监管沙盒"，提前判断5G的发展和业态的创新可能带来的影响，以做好及时的应对。

③应继续加快5G核心技术发展

我国应形成顶层规划，将5G核心技术的研发纳入国家战略文件，掌握5G核心技术，建设独立自主的全产业链，以应对中美贸易战等极端情况。

（2）物联网

①应完善物联网体系协议与政策制定

物联网设备的大规模使用，引发的安全隐患不可忽略。在制定规则时，应完善物联网相关的安全标准，加大物联网设备安全性检测的力度，保障用户隐私安全。

②应鼓励自主研发和创业创新，加快物联网产业发展

目前，我国RFID技术仍然落后于国际水平，这是我国物联网行业发展的明显短板。在制定规则时，应注意增强物联网产业的创业创新制度供给，才能不断修补短板，领先全球。

③应加强技术标准研究制定工作

标准是产业和技术应用的重点，对物联网的发展有重大意义。我国应结合独有的市场和产业需求情况，加速构造符合我国情况的物联网标

准体系。

（3）数据中心

①应加速推进数据中心产业化发展

我国应借助"一带一路"等国家战略和国内互联网企业全球化趋势，支持国内数据中心服务商开展全球化业务，推进沿线国家的数据中心建设服务，从而提升我国的国际竞争力。

②加强政策标准引导和产业信息公开

应完善数据中心方面的立法，可以考虑允许大型数据中心服务商参与制定。除此之外，还可以依托工信部发布的《全球数据中心发展指引》制定规则。在产业信息透明化方面，应考虑公示全国数据中心的总体情况，为企业选择数据中心提供参考。

③应加大国产设备品牌的培育和支持

应设立数据中心相关基础设施的技术研究专项，加大数据中心制冷设备、供电设备的自主研发投入，同时应注意持续开展技术创新，以期望实现弯道超车。提升国内品牌的服务能力。在规则制定时，可以考虑提供数据中心布局的引导，为周边布局的数据中心延伸提供便利。

5.3.2　跨境数据流动

5.3.2.1　跨境数据流动未来趋势

（1）建立跨境数据流动保护机制，保障个人数据安全

部分国家或区域通过充分性保护认定豁免数据跨境转移的限制；以合同方式约定跨境数据传输的隐私和安全控制条款，具体工具包括标准合同条款、弹性合同条款等；以企业自律性行为准则保证跨国企业内部数据保护水准，例如欧盟推出了"有关国际数据转移的约束性企业规则"、《APEC 隐私保护框架》等。

（2）用例外条款和用户授权为数据流动扩展空间

通过文献梳理我们发现，大多数制定了个人数据保护法的区域都制

定了例外条款。这些条款规定了特定情况下的数据流动，不需要获得监管机构许可，适用例外条款就可以进行一定的数据传输，为数据跨境流动留下了一定的空间，再者，大部分规则都明确了数据主体的同意是跨境传输必需满足的基本要求。

（3）推动数字经济发展，优先区域内的数据流动

面对数据经济的发展趋势，促进数据自由流动的相关内容成为双边或多边国际贸易谈判中的重要内容。较为典型的是2015年10月，在美国主导下十二国签署"跨太平洋伙伴关系协定"，确保全球信息和数据自由流动，不将设立数据中心作为允许TPP缔约方企业进入市场的前提条件，也不要求转让或获取软件源代码。此外，针对数据保护水平不同的两地提供弹性规范机制也是有效措施，例如欧美之间跨境数据流动采取的《安全港协议》和《欧美隐私盾》机制。

（4）加强管控和限制性手段，对特定领域敏感类型的数据进行特殊管理

充分运用前置审批、本地存储、安全审查、限制出境等方式，对相关数据进行监管。通过制定安全协议，对商业数据进行审查，同时以WTO规则中的"国家安全例外"事项为突破口实施各类安全审查，将对敏感数据跨境的限制，作为安全评估的重要因素、合同约定的必要条件予以体现。

5.3.2.2 跨境数据流动提议

（1）从规则制定入手，实现更具弹性的流动方式

从各个发达国家地区跨境数据流动的政策与规则的制定上入手。美国目前以维护产业竞争优势为主旨，构建数据跨境流动与限制政策。主张个人数据跨境自由流动，利用数字产业全球领导优势主导数据流向，通过限制重要技术数据出口和特定数据领域的外国投资，确保美国在科技领域的全球领导地位。欧盟主要靠制定统一的规则实施欧盟数字化单一市场战略，通过"数据保护充分性认定"标准来确定数据跨境自由流动的白名单国家，从而提升欧盟数据保护立法的全球影响力。新加坡主要

是希望通过将高水平的数据保护和数据自由流动相结合，来吸引跨国企业设立数据中心。日本积极与欧盟、亚太经济合作组织（APEC）等机制对接，不断推动跨境数据自由流动规则构建。印度积极寻求本土化路线，同时促进本国经济发展。俄罗斯划定了数据自由流动范围，实行保护主义。未来我国可以在现有政策和文件基础上，参考他国的模式，在建立更完善的规则体系的同时，制定更为弹性多元的规则。

（2）通过协议完善流动机制，实施数据分级管理

从国际合作角度看，在数据跨境流动的双边合作机制的引导下，未来国家和地区的监管机构间将达成数据保护充分性认定，数据跨境流动的多边合作机制也将更加完善，多边贸易谈判中也将引入更多数据跨境自由流动条款。

当下，政治因素对数据跨境流动规则的影响将逐渐增大，保护"国家安全"将成为规则制定的核心。其次，本国数字经济产业竞争实力将进一步影响各国数据跨境流动政策的选择，所以发展建设数字经济开发区、构建并进一步完善数字经济建设使之成为核心竞争力尤为重要。此外，个人数据和重要敏感数据跨境流动规制应采取不同的监管机制、采用分级监管的办法。例如欧盟实施重要敏感数据采取一般性机制、分级分类审查出境的监管模式，方便进行更高效的管理。最后，国家间扩张性的数据主权战略加剧了管辖权冲突以及立法与监管权的本地与互联网全球性冲突，但随着各国法律和规则的完善和趋近，各国法律适用条件也在不断靠拢，这将使管辖冲突给跨境服务企业带来的冲突问题得以适当解决。国家间应该在以本国为主的前提下互相信任，以减少对数据流动的壁垒，实现有序的数据跨境流动。

5.3.3 电子签名与认证

5.3.3.1 电子签名与认证未来趋势

确立合同、签名、认证的电子化法律效力以及实现无纸化贸易，是

各国电子签名立法的目的。当交易行为从传统的线下方式转移到线上进行时，原有法律已不能有效约束相应的书面合同、签字盖章等行为，并且由于时间、空间的差异限制了交易的便利性。因此，加快电子商务和电子签名及认证的立法可以及时弥补法律规定和现实需求的差距。每个国家的电子签名立法都有自己的优势和不足，各国也在紧跟电子商务的发展，不断完善相关法律法规，为电子商务的发展提供保障，以期抢占先机。

2020年新冠肺炎疫情加速了电子签名全场景化的实现，无接触化社会催生的在线办公、在线医疗、在线教育以及在线金融业务等新领域，成了后疫情时代的新常态。电子签名与认证面临更多市场需求，电子签名行业的市场意识逐渐建立起来。电子签名与认证在立法方面、技术应用以及行业市场的未来趋势如下：

（1）各国电子签名立法趋同趋势

各国电子签名立法趋同趋势主要体现在立法思想、立法技术、法律语言方面。在立法思想上，各国趋向于采取技术中立原则，即政府确立符合技术标准的电子签名的法律效力，而不限定具体采用何种技术；对认证机构管理趋向于行业自律；不断完善关于隐私保护和知识产权保护等方面的条款。在立法技术上，国际上基本形成了一套固定的立法模式，包含电子签名定义、一般规定、当事人的行为、服务方的行为、认证机构的管理以及跨国电子签名的互认等，不同国家根据自身情况再做调整，在细节方面不断完善，并且越来越注重建立国际通用的技术标准体系。在法律语言方面，各国相互借鉴，基本上采用相同的法律语言来描述同一事务。

（2）区块链技术在电子签名领域的应用

去中心化思想的代表区块链技术是未来的发展趋势之一。区块链技术可以回溯、全程留痕、不可伪造与公开透明的属性符合电子签名的要求，为突破当前电子签名的技术局限提供了参考。随着区块链技术的发展和基础设施的完善，区块链将在数字商务、公证制度方面大展身手。区块链技术在电子签名领域的主要应用有：(1)提供电子签名过程中的文档可信化服务。区块链技术可以将文档从创建到最终完成的每一个操作记录形成区块并连接起来，形成一个完整的文件操作链式结构，环环相扣，能够通过最末块回溯历史信息，具有唯一性、准确性和不可修改性，为信息追溯提供有效保证。(2)提供文档真伪鉴定服务。区块链强化了与文件验证核心相关的解决方案，具有完整性、可鉴定性和不可否认性。

(3)第三方电子签名服务

电子签名与企业的实际应用结合得越来越紧密，并且有向全行业、全规模客户扩散的趋势，第三方电子签名行业提供包括保全公证、司法鉴定、数字存证、在线仲裁等与电子签名相关的法律服务，迎来行业发展的爆发期。第三方电子签名服务打造的全流程数字化办公及一体化线上交易为企业解放了大量人力物力，大幅降低运营成本，从而提高工作效率。当前第三方电子签名市场正处在关键的市场发育期，且在 B2B 电商需求加深的影响下逐渐向个人用户渗透，电子政务、租房、旅游平台的应用使行业认知度不断提高，并且加速走向大众化和普及化。

5.3.3.2 电子签名与认证提议

(1)电子签名立法应与国际电子商务、电子签名法律相适应协调

电子商务是建立在互联网基础上的全球性经济活动，随着国际间的贸易越来越频繁，脱离国际立法基础而存在的电子商务法律是不合理的，因此必须高度重视本国电子商务立法与国际电子商务立法的协调性。各国在今后建立健全电子商务与电子签名法律法规时，应尽量与《联合国电子签名示范法》方向一致。我国在与国际接轨的同时也要发出中国声音，在维护本国立场的同时为国际电子商务立法献计献策。

(2)加强对电子签名认证机构的管理并将其责任细化

电子认证是电子商务中的安全保障机制，电子签名认证机构的合理设置和责任确定是电子签名效力实现的关键。认证机构应是具有担保资

格和能力的独立法律实体，能在法律规定的范围内承担相应的民事责任。电子签名认证机构必须保持中立，保护交易双方的合法权益，做到真实可靠，公平公正。因此，电子认证机构不能以盈利为目的，而应作为一种提供社会服务的公用事业机构，并且严格受政府的管控和监察，为电子商务提供公正、安全的交易环境，确保电子商务的健康发展。

（3）细化法律问题，拓展适用范围

以我国为例，《电子签名法》是我国第一部电子商务领域的法律，很难涵盖电子商务的全部范畴，具有普适性但对个别具体司法问题的解决会有困难，比如管辖权、认证机构法律责任、技术更新、消费者隐私保护等问题，从而影响电子签名的法律效力。因此，各国需要不断细化电子签名及认证问题的解决办法，做到有法可依，进一步解决电子签名法与相关法律的配套整合问题，处理好与有业务交叉的其他法律的关系。电子签名虽然起源并应用于电子商务领域，但对其他领域也有启示，尤其是在"互联网+"的发展趋势下，电子签名有无限可能。

（4）电子签名应发展成为商业基础设施

随着在线化政务、办公的发展，电子签名应成为整个商业底层的基础设施之一，同第三方电子支付一样，推动互联网商业活动的发展。作为商业基础设施，建立数据信任是电子签名行业亟须完成的任务。在加大力度提升商品技术能力的同时，企业应该注重创新和渠道融合，共同维护行业良性发展，构建透明公开的生态布局，从而提高电子签名与认证的市场接受度。

5.3.4 关税

5.3.4.1 关税未来趋势

根据我国的经济发展情况及数字贸易发展水平，可以从短期、中期、长期三个阶段来看我国数字贸易关税问题的趋势。在短期内，继续对跨境电子商务实行暂时免征关税政策。目前我国还未建立完善的数字贸易关税的法律法规，而且还并不具备征收关税的技术和能力。我国数字贸易刚进入快速发展阶段，暂时采取零关税政策，有助于激发数字贸易产业的活力，推动其步入更高阶段。到数字贸易发展阶段的中期，采取适度保护关税政策。随着中国经济水平提高，在国际组织中也更有话语权，因为关税是发展中国家税收中的一个重要支撑，也是保护本国产业健康发展的有力工具，我国应基于自身利益，开始征收数字贸易关税。待我国数字贸易发展到较高水平才可以实现永久性零关税。我国发展数字贸易具备巨大潜力，未来可以在国际市场中成为主导国家或占据较大市场份额，如果数字贸易产业具备了充分的国际竞争力，就可以实行免征关税政策，充分参与全球的数字贸易竞争。

5.3.4.2 关税提议

（1）完善法律法规

数字贸易在我国起步较晚，目前专门针对数字贸易关税征收的法律法规还比较少，未来数字贸易进入快速发展期，将面对更多的新问题、新挑战，海关作为征收关税的主要国家行政机关，需要完善现行的关税法律法规，制定全面的关税征收政策。海关部门需要针对数字贸易各个模块（数字商品、数字化服务等）的特点，在现行的关税法律法规基础之上进行补充完善。首先明确数字贸易的内涵以及数字贸易的确认方式。其次确立纳税对象、征税对象、纳税时间、税率等。最后要研究确定数字贸易的海关估价方法以及交易中各类凭证的效用。目前我国对跨境数字商品实行的是零关税政策，但是基于我国的利益，需要制定合适的税收政策。我国现行法律法规中还没有规定数字商品的属性和征税方式，所以建立完善的数字商品征税政策迫在眉睫。

（2）加强关税征收监管

如果要有效地征收数字贸易关税，不仅需要海关部门单一部门的力量，还需要相关部门的联动才能实现。在数字经济时代下，海关的征税及监管方式需要联合商务部、税务部门、网络信息部门制定相关规则，协同进行管理。另外目前国内不同等级的电商平台及金融支付机构数量多、交易量大，加大了税收监管难度。但是金融支付机构和电商平台借助于大数据技术记录了每一笔交易行为的所有数据，海关可以和金融支付机构以及电商平台合作，借助于平台的大数据信息，建立全面的监管模式。海关部门负责制定关税规则以及整个过程中的宏观管理，金融支付机构和电商平台负责利用大数据监管整个流程中的漏洞并及时报告，这样可以有效降低海关监管的难度。

（3）积极参与国际关税规则的制定

由于数字贸易不受地域、国家限制，其关税问题必然也是国际化的，单凭一个国家无法掌握跨国纳税人的所有情况，数字贸易关税问题必定要通过国际合作协同解决。首先要积极参与 WTO 框架下的数字贸易关税相关议题的讨论，并发出中国之声以表达本国的利益诉求。目前我国作为发展中国家，对于国际谈判的参与还不够，不能够及时维护自身的利益，以后要及时关注国际谈判中相关议题的谈判进程和谈判动向。另外针对数字贸易关税问题应主动加入到和其他国家的双边和多边谈判中。世界贸易组织谈判效率较低，各国都在 WTO 框架之外寻找新的谈判可能。现在全球的双边和多边谈判大多数是由美国主导的，形成了 WTO 框架之外的新的经济格局。我国也应积极与其他国家就数字贸易关税问题进行合作，不仅与发达国家谈判，也要与发展中国家谈判，维护我国的外交话语权和关税主权。

5.3.5 个人信息保护

5.3.5.1 个人信息保护未来趋势

（1）注重互联网隐私保护

2018 年 5 月，"史上最严"的欧盟《通用数据保护条例》正式实施，这部法律是目前覆盖范围最广的数据隐私保护法规，主要针对那些肆意滥用用户数据的公司，同时也将给予互联网用户更多知情权。目前，在大部分的互联网服务中，用户都是"用隐私换方便"，但过度收集隐私、隐私泄露事件频发，也使得越来越多的用户开始思考这种"平衡"是否合理。GDPR 的实施也推动了互联网个人信息保护的变革，随着互联网发展进入深水区，用户数据安全思维觉醒，互联网隐私将会是数字贸易中个人信息保护的趋势之一。

（2）消费者掌握个人数据主动权

目前，很多用户对自身个人信息的使用情况并不了解，由于数据掌握在相关服务提供商手中，用户处于数据使用的被动地位。在数字经济时代，数据无处不在，很多时候用户在使用某些服务时，都需要提供很多与该服务不相关的个人数据，如果不提供则不能正常使用服务，这种典型的"被自愿"，揭示了目前用户或消费者没有掌握数据使用的主动权。因此，未来的个人信息保护将提供个人对自身数据的主动权。

（3）数字货币中的个人信息保护成为热点

目前，很多国家或大型企业纷纷涉足数字货币，比如：2019 年的"Libra"，2020 年，中国央行也发布了自身的数字货币：DCEP。数字货币的"去中心化"为隐私保护提供了支持，但也不符合金融领域的货币规则。数字经济时代下，技术对货币的影响达到历史中前所未有的状态，科技与金融领域的融合也为信息泄露提供了便利，比如：美国可以凭借强大的金融情报网络和支付结算体系随时窃取跨国公司及客户的交易信息。当前，数字货币还处于探索阶段，现有发行的国家或组织都还没有对数字货币中的个人隐私问题进行具体规定。因此，对于中国，甚至世界而言，数字货币是数字经济时代的大势所趋，但如何保护数字货币使用者的个人信息将会是未来发展趋势之一。

（4）重大突发安全卫生事件下的个人信息保护

在"新冠肺炎"这类重大突发安全卫生事件的刺激下，移动设备成为追踪确诊病例及其密切接触者行动轨迹的重要数据来源。尽管很多公共服务部门都声称对信息收集的过程进行了严格的保护，并计划在新冠肺炎疫情结束后对相关信息进行集中"销毁"，但实际中仍然存在个人相关信息被违规泄露的问题，与此同时，过度收集个人信息的问题也引发诸多不满。疫情是"危"也是"机"，未来如何做好重大突发安全卫生事件下的个人信息保护将会成为重要话题之一。

（5）世界个人信息保护发展更加趋同

目前，各个国家或地区的个人信息保护标准还存在不统一，但技术和业务越来越无国界，很多产业链的设计和销售也是在全球范围内进行配置的。随着技术成熟度、各个国家或地区数字贸易形式不断明朗，趋同将会是个人信息保护的发展趋势。

5.3.5.2 个人信息保护提议

（1）明确信息保护与合理使用的法律边界

目前互联网空间的信息保护已成为重点领域之一，网络服务运营商需要用户数据来提高商品的质量，并为用户提供更加个性化的服务。当下，政府已明确要求网络运营者在收集和使用个人信息前，需告知个人并征得其同意，但在实际活动中"知情同意"原则被过度依赖，而这种"合理、必要"的原则目前也缺乏具体的衡量标准。因此，需要对互联网中的个人信息的使用和保护进行法律边界的划分。

（2）完善《个人信息保护法》

现有对于个人信息保护的相关法律法规在个人信息保护方面已经发挥了很大的作用，但大都属于"解决问题式"的惩戒规定，缺乏杜绝源头性质的引导性法律，对于个人信息泄露事件频发的互联网领域中的一些基础性问题或重难点问题解决成效偏低。因此，需要不断完善现有的个人信息保护法律来妥善处理个人信息保护与社会利益之间的不平衡问题。

（3）监管机制构建与监管职权的合理分配

目前，对于个人信息保护的领导监管机制问题，缺乏对政府主管和行业分管的职权分配和协调配合，是未来个人信息保护监管方面的一个有待实践考察的问题。

（4）建立更加完善的数据泄露报告制度

目前部分国家开始意识到数据泄露报告制度的重要性，但对于企业来说报告可能带来很高的成本，并且数据泄露也会影响企业的声誉，这就倒逼着企业必须加强自身的信息保护能力。但目前，对于如何报告，报告的具体形式是什么，还没有一个统一的标准。所以，未来应逐步建立起一整套的数据泄露报告体系，界定可能的数据泄露形式，形成相应的报告渠道，并在不断实践中进行完善。

5.3.6 计算设施本地化

5.3.6.1 计算设施本地化未来趋势

美国是"计算设施本地化"条款的主要推动者，主要原因是美国大部分跨国公司使用的服务器都在美国境内。在数字贸易快速发展的情况下，计算设施本地化会导致企业成本增加并降低效率，但是随着"棱镜门"事件以及美国法院开具对谷歌邮件的搜查令，各国开始意识到世界主要公司掌握的隐私数据都可能被侵犯。因此未来对该规则的研究会将重点转移到国家安全、个人信息保护等方面。

5.3.6.2 计算设施本地化提议

关于计算设施本地化规则，中国的政策制定与未来提议应该关注以下方面：一是明确数据管理和计算设施本地化方面立法要求。由于我国尚未出台关于数据管理和计算设施本地化的专项立法，"数据本地化"制度仅仅作为"关键信息基础设施保护制定"的一部分体现在《网络安全法》中，这种立法方式未能突出制度的重要性，存在制度构建不健全的问题。二是提出相关方面的具体制度设计，防止不够细致的问题。我国《网络安全法》虽已经确立了"数据本地化"制度，但未对其他计算设施本地化要求作出明晰的规定。三是尊重各国主权，加大处罚力度。各国应该根据自己的实际情况制定处罚标准，我国确立的处罚力度明显不足，对于制度的有效实施也会产生影响。

5.3.7 源代码

5.3.7.1 源代码未来趋势

在源代码方面，各国都没有明确赋予执法企业查看企业源代码的权力，根据美国、韩国、欧盟等地区签署的数字贸易相关协定来看，也只有 TPP 做出了相关规定。目前源代码相关规则仍然有很大的不确定性，美国和欧盟等国认为源代码具有很高价值，源代码公开会对数字技术领先的国家不利。而数字技术不发达的国家如巴西等则将提供相关技术源代码作为进入该国市场的条件，因此目前想在国际上达成普遍性的规则比较困难。

5.3.7.2 源代码提议

关于源代码规则，各国之间的分歧目前比较大，中国的政策制定和未来提议应该关注以下方面：一是维护代码安全与数字安全，保护企业的知识产权，防止企业隐私受到侵害。源代码通常是互联网企业的核心机密与知识产权，如果被随意公开与查看将会严重威胁到企业的自身利益，所以应该在确保企业自身数字安全的基础上进行监管。二是尊重各国主权，各国应该结合自身情况制定相关源代码规则。目前国际上诸如俄罗斯之类的国家为保护国家安全、信息通信安全等要求企业公开源代码，而美国等则是强调知识产权的重要性，实行保护措施。同时有一些数字技术较为落后的国家如巴西等将源代码公开作为市场准入条件。所以源代码规则制定应该充分尊重各国主权，由各国依据自身情况提出自己的诉求。

5.3.8 消费者保护

5.3.8.1 消费者保护未来趋势

消费者保护条款目前是各方争议较少的条款，各方签订的相关数字贸易协定都进行了较为统一且详尽的规定。消费者保护条款的未来趋势主要有以下几个方面：一是确保信息社会服务领域的消费者权益保护水平不低于传统商务领域水平；二是要求从事网络交易的网上企业对消费者利益给予必要的关注；三是要求经营者必须在网上公开与经营者本身以及交易的相关信息；四是给予通过网络形式进行交易的消费者一定的交易确认期；五是保障消费者网络支付安全。

5.3.8.2 消费者保护提议

在消费者保护方面，各国签订的数字贸易协定都做出了较为完善的规定。中国的政策建议和未来提议应该关注以下方面：一是一致性原则，确保网络消费者和传统消费者拥有相同的权益；二是对各个网络服务企业提高要求，对相关信息作出一定披露，让消费者了解相关情况，保护消费者权益；三是强调国际协作，随着数字贸易发展，跨国交易越来越多，要制定协作规则保障消费者权益免受侵害。

5.4 发展建议

5.4.1 经济学视角下传统贸易到数字贸易的转变

从微观经济学的角度探寻传统贸易到数字贸易的转变，供给与需求是两个基本的研究视角。从供给角度来看，数字经济与数字贸易催生的商业模式创新有了新的含义，如基于互联网、智能 AI 的产品创新无论是创新的方式还是创新的结果都相较于传统的产品创新发生了巨大的改变。因此，数字贸易时代的供给视角研究不能局限于过去的传统贸易视角，互联网、大数据与 AI 等新型技术的快速发展与技术带来的迅速变革给数字贸易时代的供给带来了新的特征。从需求角度来看，在数字经济与数字贸易时代，消费者与用户必将拥有更多的话语权。在传统贸易阶段，消费者与用户对于商品的研发与创新参与度都较低，消费者与用户的体验也往往被企业忽视。而随着大数据技术的飞速发展，消费者也将通过互联网更进一步地参与商品的创造与创新，用户的权重将不断增加，在市场中的影响力也逐步提高。由此来看，传统贸易时代下经济学对消费者偏好和消费者行为特征的内涵或边界将被改变与打破。从供给与需求的平衡来看，经济学中供给与需求的平衡点以及平衡的变动方向是学者所关注的重点。数字贸易时代下的供给与需求平衡分析仍然是分析与关注的重点，但是海量数据所带来的不确定性与随机特征将使得需求与平衡分析变得更加复杂。传统贸易时代的供给与需求平衡往往是明确的，变动方向往往是清晰的，但是在数字贸易时代下的供给与需求平衡将会变得充满随机性与复杂性，因此总体的平衡往往被局部的平衡所替代。可以预见的是，随着数字贸易的快速发展，随着数字经济对国民经济渗透力的不断提高，随机性与复杂性的分析将渐渐成为微观经济分析的重点。

在宏观经济学的研究框架下，凯恩斯理论的产生来源于工业社会。在传统的贸易与经济理论中，货币被认为是经济增长与社会发展的关键，社会分工再进一步促进分工的这种生产方式过于迂回，在这个过程中会不可避免地出现高成本与高浪费的情况。当传统的贸易渐渐转变为数字贸易，传统的工业经济渐渐向数字经济发展，互联网、大数据、AI 智能等前沿数字技术将与实体经济、虚拟经济进一步融合。在数字经济和数字贸易的时代下，数据将替代货币成为经济增长与社会发展的关键，并将在数据的基础上产生一系列更为高效的生产方式。在这个过程中，传统贸易中的资源配置机制将会被基于互联网、大数据等数字技术的新型资源配置机制所替代。随着数字贸易与经济的快速发展，在互联网、大数据、区块链等新型技术推动下，市场、政府和社会组成的三种资源配置机制也将进行不断的融合创新，重新改变经济增长的内在逻辑。

5.4.2 数字贸易发展的建议

5.4.2.1 政策支持

与传统贸易形式相比，作为一种贸易发展的新业态，数字贸易发展对传统贸易规则构成了重大挑战，对现有的监管体系形成了较大的冲击。因此，抓住数字贸易发展机遇，需要及时调整现有的监管体系，构建支撑数字贸易发展的政策体系，推动形成支持数字贸易发展的长效机制。

一方面应结合我国经济发展情况制定符合我国国情的数字贸易发展政策。在我国的经济发展中，中小企业是其中的关键部分，所以在制定的相应措施中要对中小企业体现出一定的支持。同时要根据数字贸易下不同的贸易模式提出针对性的举措，如区分跨境数字贸易和国内发展的数字贸易并根据相应的情景制定不同的政策。

另一方面应优化数字贸易监管服务，完善政府支撑体系。积极利用现代信息技术构建适应数字贸易发展的高水平监管体系，继续深化改革，优化公共服务环境，着力降低数字贸易准入壁垒；设立数字贸易发展专项基金，加大对重点数字贸易相关企业的资金扶持力度。

5.4.2.2 数字贸易基础设施建设

进一步重视数字基础设施建设。数字基础设施建设是构建国家数字贸易的基础，在战略上要进一步提高数字基础设施建设的重要性，逐步推进5G以及宽带网络在全国的普及并加速其应用。

降低数字基础设施行业的准入门槛。加大国有企业对数字基础设施的投入，同时也要降低门槛，让更多的民营企业以及中小企业参与进来，进一步提升国内的数字基础设施建设水平。

加快新技术的研发。目前，我国在5G网络方面已经做到了全球领先，但是我国仍然要对其他诸如大数据、区块链等新型技术的研发加大投入，加快促进研究成果从学界向产业界的转化。

加强数字贸易发展的网络、通信基础设施建设。提升各行业、各领域的数字技术和互联网的渗透率，抓住中国在5G移动时代的发展优势，重点建设以千兆固网（F5G）为代表的第五代固网技术，以超高速的网络带宽为引领，赋能下游产业、促进经济转型、抢占数字经济发展的制高点。

5.4.2.3 完善数字贸易相关立法

加强网络信息保护和信息公开。我国并没有针对消费者数据和用户隐私的相关专门立法，这就导致无法对消费者的个人信息以及数据提供相应的保护，使用户的隐私数据容易被窃取而用于商业目的，消费者的信息安全无法得到保障。同时我国的数据审查制度不够完善，也给数字贸易的发展带来了负面的影响。因此应该抓紧出台相关隐私数据保护法、互联网数据管理办法等来加强消费者隐私数据保护以及网络数据管理。

健全知识产权立法。我国的知识产权保护立法不够完善，相关处罚力度不够。随着互联网和大数据的快速发展，电影、书籍、音乐等网上侵权行为更加频繁。因此应该健全知识产权相关立法，严惩网络侵权行为。

健全"互联网+"融合领域相关立法。我国现有的相关金融立法如《商业银行法》、《证券法》针对的都是传统的金融行业与相关业务。随着互联网的快速发展，互联网金融同样蓬勃兴起，现有的法律难以适应互联网金融的发展要求与环境。所以要健全"互联网+"相关立法，优化数字贸易的发展环境。

5.4.2.4 参与数字贸易国际规则制定

积极参加国际数字贸易协定的谈判，并发出中国声音。其实目前，世界范围内的关于数字贸易的规则主要体现在 TPP、TTIP、TISA 三个自由贸易协定上。WTO 的多轮谈判并没有明显的进展，各国虽然对于消费者保护、数字基础设施建设等规则目前达成了较为一致的共识，但是在源代码保护和跨境数据流动等规则方面分歧仍然较大。所以我国需要对各国的主张以及态度进行进一步的研究与探讨，明确各国的战略意图与诉求，在接下来的数字贸易协定谈判中提出自己的主张与要求，发出属于中国的声音。

推动创建公平竞争的国际数字贸易环境。当前全球数字贸易持续快速发展，但相关贸易规则并未做到与时俱进，中国在逐步推进国内数字贸易规则体系建设的同时，要全面了解其他各国的要求以及主张，通过中美、中欧等经贸谈判展开数字贸易规则的讨论，推进全球统一的数字贸易规则的构建，营造一个公平公正的数字贸易发展环境。

5.4.2.5 对外合作

加强国际交流与合作，加快建设数字贸易全球合作共享中心。应立足国际视野，加强与美欧日等数字贸易强国的联系，拓展数字贸易合作渠道，积极参与双边与多边数字贸易规则制定。从我国数字贸易发展的比较优势入手，以"一带一路"沿线国家和地区为重点，推动数字贸易全球合作共享中心的建设。

推动区域化数字贸易规则体系建设。参考"欧盟模式"，在既有的区域合作组织内部如 APEC、中国—东盟自由贸易区等推动建立区域化、小范围的数字贸易体系，将传统货物、服务贸易规则拓展至数字贸易领域，逐步统一区域内部数字贸易规则及产业技术标准，消除区域内数字贸易壁垒，提升区域内部数字贸易自由化水平。由点及面，充分利用区域数字贸易自由化、便利化带来的辐射作用，特别是在中国当前"一带一路"的倡议背景下，将区域性的数字贸易逐步延伸、扩大至沿线更多的国家和地区，建立由中国主导的合作、共赢的区域化数字贸易规则体系，增加中国在全球数字贸易规则体系制定过程中的话语权。

5.4.2.6 数字贸易人才培养

加强贸易领域数字化人才的培养。数字贸易主导的时代，要求我们加强贸易领域数字化人才的培养。从实际情况来看，目前尚缺乏既懂贸易又懂数字化方面的复合型专业人才。因此推动数字贸易发展，助推我国迈向全球价值链中高端，应多层面加强数字化人才队伍建设。

大力引进与培养数字贸易发展所需的高端人才。进一步完善人才引进政策，从资金配套、人才住房、子女就学等多方面给予高端人才全方位支持。完善人才激励机制，将数字贸易领域相关的高层次人才纳入急需紧缺高层次人才引进计划，加快培养一批数字贸易领域学科带头人和高级管理人才。

改革数字型人才教育体系。将数字技术的应用融入中国各个教育阶段，优化人才培养方案，明确人才培养目标，构建新型理论课程体系，强化应用型实践环节，同时积极推动高等教育和数字技术领域的融合衔接，为中国增强国际数字贸易竞争力提供源源不断的创新型数字人才。同时在横向维度上，鼓励个人、高校、企业、科研机构进行数字技术创新，充分调动其对数字技术创新、数字商品开发的参与积极性。在纵向维度上，打造上至政府下至企业的数字化体系，构建完善的"官产学研"一体化平台，确保科研成果向数字价值链的快速转化，完善中国数字技术创新体系，形成一套完整的数字产业链条，充分发挥中国在大数据、电子商务、云计算等领域的比较优势。

5.4.2.7 培育数字贸易龙头企业

鼓励行业细分领域数字贸易企业发展。纵观我国目前状况，虽然BAT等大型网络企业已经跻身世界互联网企业前列，但是和其他国家相比，中国还缺少在数字贸易领域的龙头企业，因此在全球的数字贸易竞争中，中国将缺乏话语权。所以，除了接着加强对BAT等已经有一定国际竞争力的互联网企业的支持以外，还需要培养一批行业细分领域的数字贸易企业，使其发展壮大。

加强对数字贸易企业的财政投资。大力支持数字贸易相关企业的发展，对相关领军企业投资实行投资抵免，多方位加大对数字贸易的财政投入力度，培育一批竞争力强、创新能力突出的龙头企业；加强数字贸易金融服务创新，积极引导金融机构加大对数字贸易发展示范项目、重点项目的信贷投放，与此同时也应加大对中小贸易企业金融的支持力度。

5.4.2.8 开展数字自由贸易区（产业园）建设

建设具有国际竞争力的数字贸易产业园。数字贸易发展模式属于知识型贸易，因此具有极强的集聚效应。从竞争性及成本角度来看，建设数字贸易产业园、缩短数字贸易产业链无疑是最有效的。由于数字贸易模式发展不再受到交通及地域等因素的限制，因此数字贸易产业园在选址方面更加灵活，可以将产业园建设在信息化技术较为发达与成熟的地区，进而实现数字贸易和传统贸易双发展模式。

建设国际数字贸易枢纽。在国内打造一批数字自由贸易区试点，基于现代数字技术，打造智慧型贸易区，在发展传统贸易的同时着眼于未来贸易方式，培育一批具备国际竞争力的数字型创新型企业，优化企业空间布局，形成数字产业链，发挥产业集聚效应，同时坚持企业引进来走出去的发展战略，逐步提升中国在数字贸易领域的对外开放水平，把握机遇，着力建设国际数字贸易枢纽。

6. RCEP 和 CPTPP 数字贸易规则比较

6.1 协定定义

区域全面经济伙伴关系协定（RCEP）是2012年由东盟发起，历时八年，由包括中国、日本、韩国、澳大利亚、新西兰和东盟十国共15方成员制定的协定。2020年11月15日，第四次区域全面经济伙伴关系协定（RCEP）领导人会议以视频方式举行，会后东盟10国和中国、日本、韩国、澳大利亚、新西兰共15个亚太国家正式签署了区域全面经济伙伴关系协定。RCEP是一个全面、现代、高质量、互利互惠的自贸协定。RCEP的签署，标志着当前世界上人口最多、经贸规模最大、最具发展潜力的自由贸易区正式启航。

全面与进步跨太平洋伙伴关系协定（CPTPP），是美国退出跨太平洋伙伴关系协定（TPP）后该协定的新名字。2018年3月8日，参与"全面与进步跨太平洋伙伴关系协定"（CPTPP）谈判的11国代表在智利首都圣地亚哥举行协定签字仪式。签署CPTPP的国家有日本、加拿大、澳大利亚、智利、新西兰、新加坡、文莱、马来西亚、越南、墨西哥和秘鲁。这一协定是成员国对贸易保护主义做出的回应，将加强各成员经济体之间的互利联系，促进亚太地区的贸易、投资和经济增长。

RCEP 和 CPTPP 是区域贸易协定的典型代表。RCEP 可在一定程度上代表我国目前对外开放的最新水平，同时我国也在 2021 年 9 月 16 日正式申请加入 CPTPP。

6.2 数字贸易规则比较

RCEP 和 CPTPP 有关数字贸易的规则都主张促进无纸化贸易，推广电子认证和电子签名，保护线上消费者权益，保护电子商务用户个人信息，加强针对非应邀商业电子信息等的监管。但是，RCEP 在开放力度方面仍有一定差距，例如，RCEP 规定维持目前不对电子传输征收关税的做法，并非永久性做法，CPTPP 则规定永久不对电子传输内容征收关税；RCEP 未规定数字产品的非歧视待遇，未规定自由接入和使用互联网开展电子商务，未涉及源代码，而这些内容在 CPTPP 中均有涉及；在减少数据贸易壁垒方面，RCEP 已经取得了一定突破，这对我国来说也是一个巨大进步；RCEP 规定不强制要求计算设施本地化，不得阻止通过电子方式跨境传输信息等，但设置了实现公共政策目标的例外条款，并规定若为保护基本安全利益不执行该条款，其他缔约方不得提出异议；CPTPP 虽然也有此条款的例外条款，但限制性条件更少。RCEP 与 CPTPP 数字贸易关键议题对应条款见表 6-1。

表6-1 RCEP 与 CPTPP 中关于数字贸易关键议题的对应条款

数字贸易关键议题	RCEP 中对应条款	CPTPP 中对应条款
数字产品或服务的税收	海关关税（第 12.12 条）	电子传输关税（第 14.3 条）
个人信息保护	线上个人信息保护（第 12.8 条）	个人信息保护（第 14.1、14.8 条）
线上消费者保护	线上消费者保护（第 12.7 条）	线上消费者保护（第 14.7 条）
跨境数据流动	通过电子方式跨境传输信息（第 12.15 条）	通过电子方式跨境传输信息（第 14.11 条）

续 表

数字贸易关键议题	RCEP 中对应条款	CPTPP 中对应条款
数据及相关设施的本地化	计算设施的位置（第 12.14 条）	计算设施的位置（第 14.13 条）
数字知识产权	无	源代码保护（第 14.17 条）
市场准入	无	数字产品和服务的非歧视待遇（第 14.4 条）
跨境电商便利化	电子认证和电子签名（第 12.6 条）	电子认证和电子签名（第 14.6 条）
	无纸化贸易（第 12.5 条）	无纸交易（第 14.9 条）

（一）数字关税

数字经济背景下的跨境服务交易具有的全球性、一体化、虚拟性和数据化等特点，决定了解决此类具有完全不同于传统商业交易方式特点的跨境商业交易活动所引发的国际税收问题的有关规则和方案。区域内关税壁垒的取消将极大地推动贸易流动，降低企业运营成本，同时也能使消费者从中受益。但是 RCEP 规定维持目前不对电子传输征收关税的做法，并非永久性做法，CPTPP 则规定永久不对电子传输内容征收关税。

（二）数据本地化

"计算设施的位置规则"又称为"数据本地化规则"，一些国家出于保护隐私或者维护系统安全等正当安全问题，以及对于本国的经济利益的考虑，坚持采取数据本地化的措施。而该措施迫使国外企业将数据存储在本地，并在当地建立数据处理中心，将降低企业的经济效率，使企业营运成本上升，进而削弱其竞争力。因而如何合理限制数据本地化措施成为目前跨境电子商务领域重点关注的问题之一。根据 RCEP 的规定，"缔约方不得将要求涵盖的人使用该缔约方领土内的计算设施或者将设施置于该缔约方领土之内，作为在该缔约方领土内进行商业行为的条件"。RCEP 将"公共政策"目标和"基本安全"需要列为数据本地化限制的例外。虽然例外的设置增加了规则的灵活性，为规制数据本地化措施所必需，但是限制数据本地化措施的根本目的是在于对数据所承载的安全和价值直接而又极端的控制行为进行遏制，同时又将这种控制列为例外，尤其是"基本安全"的例外表述较为绝对的情况下，是否能顺利达到数据本地化限制措施的实施目的，仍值得进一步观察。

CPTPP 严格限制数据本地化措施，强调每个缔约方在计算机设备使用方面应有其自身的规则需求，包括对交流的安全性和保密性需求。缔约方不应将使用该缔约方的计算设施或将计算机设施置于该缔约方领土内作为在该缔约方境内从事商业活动的前置条件。在数据本地化方面，CPTPP 用"合法的公共政策目的"作为限制数据本地化的例外。同时，CPTPP 也为该"例外条款"设置一定的限制条件。具体来说，一项数据本地化措施要符合 CPTPP 的要求，需要满足四项条件：(1) 数字本地化措施是为了满足合法的公共政策目标；(2) 数字本地化措施不得构成武断地、不合理地歧视；(3) 数字本地化措施不得对贸易形成变相限制；(4) 数据本地化实施不能超过满足其合法目标的需要。并且，这四项条件是一种并列的关系，即一项数据本地化措施必须同时满足上述四项条件才会在 CPTPP 项下获得合法性。

（三）个人信息保护

关于个人信息保护，RCEP 主要有两方面的变化：其一，增加线上个人信息保护的"透明度"安排，规定"每一缔约方应当公布其向电子商务用户提供个人信息保护的相关信息"，将以往原则性规定的"透明、有效措施"中的"透明措施"具体化；其二，强调线上个人信息保护的合作机制，要求"缔约方应当在可能的范围内合作，以保护从一缔约方转移来的个人信息"，以扩大线上个人信息保护的范围。RCEP 通过丰富保护手段和内容安排，以更好地保护线上个人信息，增强消费者信心，而且这一趋势可能在我国未来的 RTA 谈判中继续延续。

CPTPP 文本中明确要求，每个成员国应建立法律框架为电子商务用户提供足够的保护。CPTPP 注意到受信息技术水平和传统文化的差异，每个成员国采取的个人信息保护法律框架可能存在差异，为此，在规则设置上从两个方面进行考虑：一方面，CPTPP 要求，成员国应考虑相关国际机构就个人信息保护所设置的指导原则。另一方面，CPTPP 鼓励成员国在机制上促进各类个人信息保护规则之间的兼容性。为促进个人信息保护规则的兼容性，CPTPP 对"个人信息"这个概念实行较为宽泛的定义：个人信息是指任何可以识别自然人的数据。这一定义也是被非 CPTPP 经济体所普遍接受的。

（四）跨境数据流动

跨境电子商务活动中，电子信息自由跨境流动是实现这一贸易形式的关键前提。如果电子信息跨境流动受到阻碍，则会带来降低流动效率、增加流动成本等一系列问题。因而 RCEP 规定"缔约方不得组织涵盖的人为进行商业行为而通过电子方式跨境传输信息"，明确跨境电子商务活动中信息流动自由的原则。与此同时，RCEP 还规定了信息流动自由原则的例外。第一种例外为"公共政策目标"的例外，其行文构成与 GATT 第二十条(一般例外)相似，如果缔约方基于公共政策目标采取例外措施，则这一措施必须通过"必要性"检测，且该国必须证明"该措施不构成任意或不合理的歧视或变相的贸易限制的方式适用"。第二种例外是"基本安全例外"，在这一例外情况中，实施国只需证明该措施为保护其基本安全所必需即可，其他缔约方不得对此类措施提出异议。

对于跨境数据流动条款的设置中，CPTPP 首先承认每个成员国对跨境数据流动有各自的规则需求基础之上，然后对电子商务中的跨境数据流动进行专门规定。CPTPP 要求每个成员国允许电子商务活动中，包括个人信息在内的跨境数据流动。与数据本地化中的例外条款相似，CPTPP 也为跨境数据流动在赋予自由流动的基础上设置了例外情形。成员国可以在满足例外条款四项构成要件的基础之上，采取限制数据流动的措施。

不过，跨境数据流动的例外条款同样存在适用标准较为宽泛，法律解释的空间较大的问题。

6.3 政策建议

我国应对 CPTPP 与 RCEP 数字贸易规则，应当注重国内法治和国际规则的良性互动，一方面加快构建国内法律体系，并强化法律的实施和执行；另一方面借鉴国际规则，加强国际协调与合作。同时，我国还要加强基础研究和储备，为国际国内的制度构建提供智力支持。

第一，加快构建国内法律体系。国内的治理体系及法治建设做好充分准备，是有效应对高标准数字贸易规则的前提。跨境数据流动等具有高度敏感性和复杂性的规则尤其如此。我国《网络安全法》明确"保障网络信息依法有序自由流动"，"依法"被放在首要位置。只有构建起数据权属、数据出境安全评估、关键信息基础设施安全保护、个人信息保护等一系列相关法律制度，数据流动才有法可依。当然，相关法律的制定过程必然是多方利益的博弈，需要经过实践的不断调整、不断完善。对于数据出境安全评估等适合在国内自贸试验区先行先试的，应当抓紧推进试点工作，通过压力测试降低改革风险，加快立法进程。

第二，强化法律的实施和执行。扩大执法权，以及增加罚款和处罚的力度、范围是数据保护领域的一大趋势。这是国际社会对一系列严重案件的回应。面对大规模违反数据安全和个人信息保护法律的案件，现有的监管权力有其不足。因此，欧盟、日本、澳大利亚等经济体制定和修改法律时都强化了执法权。美国也在实践中大量使用罚款和处罚措施来阻止相关违法行为。实施不力一直是我国法治建设的难题。对于广泛存在的知识产权保护、数据安全和个人信息保护方面的违法行为，执行不力的现象尤为突出。要使企业确保数据安全和数据保护，应当严格法律责任，加大处罚力度。只有实施得到保障，我国相关法律对数据存储、处理、访问等的严格要求才有可能逐步放松，与数字贸易发展及规制的大趋势同向而行。

第三，加强国际合作与协调。数字贸易具有全球属性，单边措施无法释放所有 潜在利益，数字贸易规制的许多问题都需要在国际层面上解决。特别是服务贸易是 数字贸易的核心，而服务贸易在很大程度上受国内监管的影响，因此服务贸易政策的国际监管合作与协调尤为重要。而且数字贸易还涉及贸易之外的许多其他政策领域，包括互联网治理、隐私保护等，需要开展更深层次的合作来共同应对。国际合作与协调的方式包括建立国际标准和推广建议措施，包括国际标准化组织（ISO）与信息安全有关的国际标准，如 ISO27001 信息安全管理体系；达成数据共享谅解备忘录，以加强多双边网络安全、税收征管等方面的合作；签署司法互助条约，便于政府间交换调查所需数据等等。

第四，加强基础研究和储备。数字贸易无疑给监管和治理带来了巨大挑战。建立适当的监管框架，对各国都是一个新问题，对发展中国家尤其如此。而且数字贸易具有跨领域的性质，涵盖面广，在基础研究上是否有充分的准备，关系到政府能否做好应对措施。我国有关数字贸易的基础研究还比较薄弱。例如跨境数据流动的分类监管体系问题，尽管各界对分类监管的必要性有一致认识，但还没有深入到具体方案研究上，直接影响了重要数据和个人信息出境评估办法的出台；再如数字税收问题，我国的研究刚刚起步，导致我国在是否开征数字税、数字产品跨境交易国内税的问题上立场模糊，对外谈判缺少支撑。有鉴于此，我国应当加强数字贸易各领域问题的基础研究，完善学理支撑和智力支持。

第四篇　数字贸易政策法规

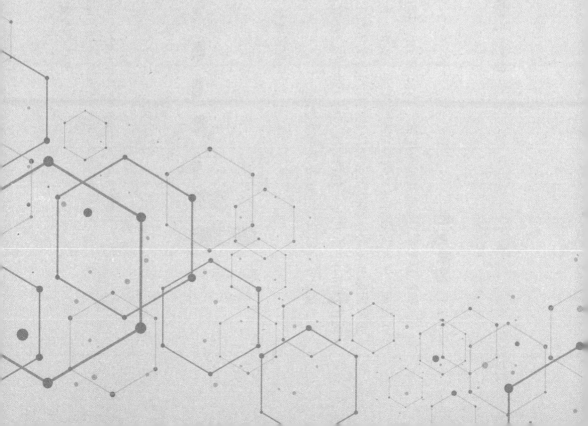

（一）参考文件列表

1. 国外文件

如图 1 所示，本研究报告搜集了 1974—2019 年间有关数字贸易的相关资料。结果表明，数字贸易相关文件在发表主体与发表时间之间存在明显差别；美国、欧洲和澳大利亚分别以 24、13 和 5 的数量居于前三位；全球主要国家和经济体都有出台相应的文件用来支持数字贸易的发展；从时间上看，与数字贸易相关的文件最早出现在 1974 年，2015 年、2017 年发表的文件数量为 9 和 8，位于第一位和第二位。表 1 中列举了相关文件涉及的内容、提出年份以及对应出处等相关信息。

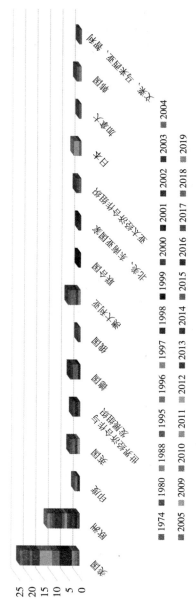

数字贸易文件数量（国际）

■ 1974　■ 1980　■ 1988　■ 1995　■ 1996　■ 1997　■ 1998　■ 1999　■ 2000　■ 2001　■ 2002　■ 2003　■ 2004
■ 2005　■ 2009　■ 2010　■ 2011　■ 2012　■ 2013　■ 2014　■ 2015　■ 2016　■ 2017　■ 2018　■ 2019

图 1　国外数字贸易政策法规分布

表 1　国外数字贸易政策法规概览

文件涉及内容	文件发表主体	文件发表时间	文件名称	文件来源
定义及分类	Weber	2010 年	《Digital Trade in WTO-Law- Taking Stock and Looking Ahead》	Weber, Rolf H. Digital Trade in WTO-Law - Taking Stock and Looking Ahead[J]. SSRN Electronic Journal, 2010,（1）: 1-24.
定义及分类	美国商务部经济分析局	2012 年	《数字化服务贸易的趋势》	US Bureau of Economic Analysis. Trends in digitally-enabled trade in services[R/OL].（2012）[2018-03-15].
定义及分类	美国国际贸易委员会	2013 年	《美国与全球经济中的数字贸易 I 》	United States International Trade Commission. Digital Trade in the U.S. and Global Economies: Part 1[EB/OL]. 美国国际贸易委员会官网.
定义及分类	美国国际贸易委员会	2014 年	《美国与全球经济中的数字贸易 II 》	United States International Trade Commission. Digital trade in the U.S. and global economies, part 2[R/OL].（2014-08-11）[2018-03-12].
定义及分类	美国贸易代表办公室	2017 年	《数字贸易的主要障碍》	The Office of the U.S. Trade Representative. Key barriers to digital trade[Z/OL].（2017-03-31）[2018-03-12].
定义及分类	世界经济合作与发展组织	2017 年	《数字贸易 》	Lopez Gonzalez, J. and M. Jouanjean. "Digital Trade: Developing a Framework for Analysis[J], OECD Trade Policy Papers, 2017, 205.
基础设施	英国	2009 年	《数字英国》	https://www.gov.uk/government/publications/digital-britain-final-report.
基础设施	美国	2012 年	《大数据研究和发展计划》	https://itlaw.wikia.org/wiki/Big_Data_Research_and_Development_Initiative.

续表

文件涉及内容	文件发表主体	文件发表时间	文件名称	文件来源
基础设施	英国	2013年	《英国信息经济战略2013》	https://www.gov.uk/government/publications/information-economy-strategy.
基础设施	英国	2015年	《英国数字经济战略2015—2018》	https://www.gov.uk/government/publications/digital-economy-strategy-2015-2018.
基础设施	德国	2016年	《数字化战略2025》	https://mubu.com/doc/explore/13515.
基础设施	俄国	2017年	《俄联邦数字经济规划》	https://russiancouncil.ru/en/blogs/leenders/the-digital-economy-in-russia-part-2/.
数据流动	美国	2010年	《美国管控非秘信息清单》	美国2010年13556号行政令.
数据流动	美国、韩国	2012年	《美国-韩国自由贸易协定》	《美国-韩国自由贸易协定（KORUS）》.
数据流动	德国联邦政府	2015年	《联邦数据保护法》	《Federal Data Protection Act （Act）》.
数据流动	麦肯锡研究报告	2017年	《数据全球化：新时代的全球性流动》	麦肯锡全球研究院（MGI）：数字全球化：全球流动的新时代.
数据流动	亚太经合组织	2017年	《跨境隐私规则》	《Cross Border Privacy Rules》.
数据流动	欧盟	2017年	《电子证据跨境调取提案》	《PARLIAMENT AND OF THE COUNCIL on European Production and Preservation Orders for electronic evidence in criminal matters》.
数据流动	印度政府	2018年	《印度电子商务国家政策框架草案》	《印度电子商务国家政策框架草案》https://www.secrss.com/articles/16702.
数据流动	欧洲议会	2018年	《非个人数据在欧盟境内自由流动框架条例》	《Regulation on a framework for the free flow of non-personaldata in the European Union》.

数据流动	美国国会	2018年	《外国投资风险审查现代化法》	《Foreign Investent Risk Review Modernization Act》.
电子签名	联合国贸易法律委员会	2001年	《电子签字示范法》	https://uncitral.un.org/sites/uncitral.un.org/files/media-documents/uncitral/en/ml-elecsig-e.pdf.
电子签名	北美、东南亚等国家	2002年	《跨太平洋伙伴关系协定》	http://www.caitec.org.cn/n5/sy_gzdt_xshd/json/5143.html.
电子签名	日本、瑞士	2009年	《日本－瑞士贸易和经济合作伙伴协定》	https://www.mofa.go.jp/region/europe/switzerland/epa0902/agreement.pdf.
电子签名	美国、韩国	2012年	《美国－韩国自由贸易协定》	https://ustr.gov/trade-agreements/free-trade-agreements/korus-fta/final-text.
电子签名	中国、澳大利亚	2015年	《中国－澳大利亚自由贸易协定》	http://fta.mofcom.gov.cn/Australia/australia_agreementText.shtml.
电子签名	中国、韩国	2015年	《中国－韩国自由贸易协定》	http://fta.mofcom.gov.cn/korea/korea_agreementText.shtml.
关税	美国	1997年	《全球电子商务框架》	https://doc.mbalib.com/view/7b0d599f150a9bb5c6c3040bbaabaecd.html.
关税	美国	1998年	《全球电子商务宣言》	https://www.upicture.com.cn/knowledge/nPost_1951.htm.
关税	美国	1998年	《互联网免税法案》	马秀玲.从税法角度看电子商务发展问题及对策[J].人民论坛，2015（A12）:74-76.
关税	欧盟	1998年	《关于保护增值税收入和促进电子商务发展的报告》	杨怡.我国电子商务中相关税收征管政策研究[D].华中师范大学，2011.
关税	印度等发展中国家	1999年	《电子商务税收规定》	付丽苹.印度电子商务税收政策及其影响[J].涉外税务，2007（06）:49-52.

续 表

文件涉及内容	文件发表主体	文件发表时间	文件名称	文件来源
关税	经济合作与发展组织	1999 年	《电子商务：税收框架条件》	黄素华. OECD 电子商务税收问题研究简述 [J]. 财政研究，2001（6）:31–33.
关税	欧盟	2000 年	《电子商务指令》	http://www.doc88.com/p-1724398566568.html.
关税	欧盟	2003 年	《增值税指导》	郁晓. 欧盟的电子商务增值税 [J]. 国际商务财会，2003（07）:39–40.
关税	欧盟	2015 年	《欧盟增值税新规》	理查德. 麦诺. 2015 年欧盟增值税新规解读——兼论中国电子商务公司的增值税合规问题 [J]. 税务研究，2015（1）.
关税	美国	2016 年	《2015 年贸易便利化和贸易执法法案》	http://us.cccfna.org.cn/article/misc/283.html.
关税	欧盟	2016 年	《增值税规范化新法案》	https://www.sohu.com/a/223772047_156845.
个人信息保护	美国	1974 年	《隐私权法》	阿丽塔·L. 艾伦、理查德·C. 托克音顿. 美国隐私法：学说 判例与立法 [M]. 北京：中国民主法制出版社，2004.
个人信息保护	经济合作与发展组织	1980 年	《关于隐私保护与个人数据跨国流通的指南》	刘小燕、贾淼、齐爱民. OECD《关于隐私保护与个人资料跨国流通的指针的建议》[J]. 广西政法管理干部学院学报，2005，20（1）:51–52.
个人信息保护	澳大利亚	1988 年	《隐私权法》	刘晓丹. 澳大利亚《隐私权法》述评及其启示 [J]. 法制与社会，2018（08）:13–15+17.
个人信息保护	欧盟	1995 年	《关于涉及个人数据处理的个人保护以及此类数据自由流动的指令》	https://wipolex.wipo.int/en/text/31300.
个人信息保护	美国	1996 年	《健康保险可移动性和责任法案》	http://www.gooamn.cn/index.php?m=&c=Index&a=show&catid=12&id=235.

个人信息保护	美国	1998 年	《儿童网上隐私保护法》	罗洁, 孔令杰. 美国信息隐私法的发展历程 [J]. 湖北社会科学, 2008（12）:154-157.
个人信息保护	美国	1998 年	《有效保护隐私权的自律规范》	http://www.techweb.com.cn/news/2007-01-05/137916.shtml.
个人信息保护	美国	1999 年	《金融服务现代化法案》	http://bjgy.chinacourt.gov.cn/article/detail/2011/09/id/883362.shtml.
个人信息保护	德国	2001 年	《联邦数据保护法》	占南. 国内外个人信息保护政策体系研究 [J]. 图书情报知识, 2019（05）:120-129.
个人信息保护	欧盟	2002 年	《隐私与电子通信指令》	https://epic.org/international/eu_privacy_and_electronic_comm.html.
个人信息保护	亚太经济合作组织	2004 年	《隐私保护框架》	http://www.docin.com/p-761045746.html.
个人信息保护	日本	2005 年	《个人信息保护法》	https://www.sohu.com/a/238778077_653604.
个人信息保护	欧盟	2009 年	《欧洲 Cookie 指令》	https://ec.europa.eu/ipg/basics/legal/cookies/index_en.htm.
个人信息保护	加拿大	2010 年	《电子商务保护法》	http://www.360doc.com/content/12/1116/08/42 49226_24813 1220.shtml.
个人信息保护	韩国	2011 年	《个人信息保护法》	康贞花. 韩国《个人信息保护法》的主要特色及对中国的立法启示 [J]. 延边大学学报：社会科学版, 2012（04）:68-74.
个人信息保护	美国	2012 年	《网络世界中消费者数据隐私：全球数字经济保护隐私及促进创新的框架》	王忠. 美国网络隐私保护框架的启示 [J]. 中国科学基金, 2013, 27（02）:99-101.
个人信息保护	美欧	2013 年	《跨大西洋贸易与投资伙伴协议》	http://www.iolaw.org.cn/showNews.aspx?id=67265.

续　表

文件涉及内容	文件发表主体	文件发表时间	文件名称	文件来源
个人信息保护	美国	2015 年	《网络安全信息共享法案》	刘金瑞．美国网络安全信息共享立法及对我国的启示 [J]．财经法学，2017（02）:22—30.
个人信息保护	德国	2015 年	《联邦数据保护法》	http://www.docin.com/p-240501923.html.
个人信息保护	欧盟	2016 年	《通用数据保护条例》	https://www.sohu.com/a/232773245_455313.
个人信息保护	欧盟	2016 年	《通用数据保护条例》	丁晓东．什么是数据权利? ——从欧洲《一般数据保护条例》看数据隐私的保护 [J]．华东政法大学学报，2018（4）:39—53.
个人信息保护	澳大利亚	2017 年	《数据泄露通报法案》	https://www.easyaq.com/news/1403407781.shtml.
个人信息保护	英国	2017 年	《新数据保护法案：改革计划》	邓辉．英国新数据保护法案：改革计划 [J]．中国应用法学，2017（06）:167—184.
个人信息保护	欧盟	2019 年	《人工智能伦理准则》	https://www.chinacourt.org/article/detail/2019/04/id/3847044.shtml.
其他	美国、澳大利亚	2004 年	《美国 - 澳大利亚自由贸易协定》	http://br.mofcom.gov.cn/aarticle/jmxw/200402/20040200179515.html.
其他	日本、瑞士	2009 年	《日本 - 瑞士自由贸易协定》	http://fr.mofcom.gov.cn/aarticle/jmxw/200902/20090206055234.html.
其他	澳大利亚、加拿大、智利等	2013 年	《国际服务贸易协定》	http://cwto.mofcom.gov.cn/article/d/201406/20140600629618.shtml.
其他	文莱、马来西亚、智利等	2015 年	《跨太平洋伙伴关系协定》	http://fta.mofcom.gov.cn/article/fzdongtai/201512/29714_1.html.
其他	中国、澳大利亚	2015 年	《中国 - 澳大利亚自由贸易协定》	http://fta.mofcom.gov.cn/article/chinaaustralia/chinaaustralianews/201509/28690_1.html.

2. 国内文件

如图2所示，国内最早与数字贸易相关的文件主要出现在关税领域。随着数字贸易的发展，与数据流动相关的文件于2010年首次出现。这种数据流动不仅仅是指交易各个环节间的数据流动，还包括数据产品的流动。自2015年以来，数字基础设施越发受到重视。正如本报告所述，数据分析技术、5G技术、VR技术等先进数字技术，作为数字贸易发展的基础，发挥着越来越重要的作用。表2中列举了相关文件涉及的内容、提出年份以及对应出处等相关信息。

数字贸易各领域文件（国内）

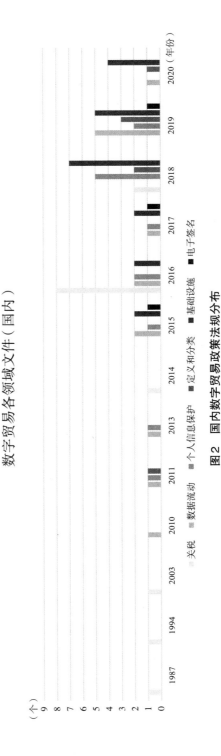

图2　国内数字贸易政策法规分布

表2 国内数字贸易政策法规概览

文件涉及内容	文件发表主体	文件发表时间	文件名称	文件来源
定义及分类	熊励、刘慧、刘华玲	2011年	《数字与商务》	熊励、刘慧、刘华玲.数字与商务[M].上海：上海社会科学院出版社，2011；3-5.
定义及分类	浙江大学"大数据+跨境电子商务"创新团队	2018年	《2018世界与中国数字贸易蓝皮书》	https://210.32.157.135/index.php?c=Chinese&a=detail&catid=78&id=18145.
定义及分类	伊万·沙拉法诺夫、白树强	2018年	《WTO视角下数字产品贸易合作机制研究——基于数字贸易发展现状及壁垒研究》	伊万·沙拉法诺夫，白树强.WTO视角下数字产品贸易合作机制研究——基于数字贸易发展现状及壁垒研究[J].国际贸易问题，2018（02）:149-163.
定义及分类	中国信通院	2019年	《数字贸易发展与影响白皮书》	http://www.caict.ac.cn/kxyj/qwfb/bps/201912/t2019122 6_272659.htm.
定义及分类	马述忠、房超、梁银锋	2019年	《数字贸易及其时代价值与研究展望》	马述忠，房超，梁银锋.数字贸易及其时代价值与研究展望[J].国际贸易，2019（02）:176.
定义及分类	贾怀勤	2019年	《数字贸易的概念、营商环境评估与规则》	贾怀勤.数字贸易的概念、营商环境评估与规则[J].国际贸易，2019（09）:90-96.
定义及分类	曹淼孙	2020年	《我国数字贸易发展：现状、挑战与策略研究》	曹淼孙.我国数字贸易发展：现状、挑战与策略研究[J].西南金融，2020（01）:46-53.
基础设施	国务院	2015年	《中国制造2025》	http://www.gov.cn/zhengce/content/2015-05/19/content_9784.htm.
基础设施	国务院	2015年	《国务院关于积极推动"互联网+"行动的指导意见》	http://www.miit.gov.cn/n1146285/n1146352/n3057656/n3057661/c4538241/content.html.

基础设施	中共中央、国务院	2016 年	《国家信息化发展战略纲要》	http://www.gov.cn/xinwen/2016-07/27/content_5 095 297.htm.
基础设施	工信部	2016 年	《信息化和工业化融合发展规划（2016—2020）》	http://www.miit.gov.cn/n1146295/n1652858/n1652930/n3757016/c5338237/content.html.
基础设施	外交部、国家互联网信息办公室	2017 年	《网络空间国际合作战略》	http://www.xinhuanet.com//2017-03/01/c_1120552767.htm.
基础设施	发改委	2017 年	《关于组织实施 2018 年 "互联网 +"、人工智能创新发展和数字经济试点重大工程的通知》	http://fgw.fujian.gov.cn/ztzl/szfjzt/hlwjfz_35781/201712/t20171228_808486.htm.
基础设施	工信部	2018 年	《物联网安全白皮书》	https://www.sohu.com/a/256130913_654086.
基础设施	IMT-2020（5G）推进组	2018 年	《5G 承载需求白皮书》	http://www.caict.ac.cn/xwdt/hyxw/201806/t20180622_1 74598.htm.
基础设施	工信部	2018 年	《车联网（智能网联汽车）产业发展行动计划》	http://www.miit.gov.cn/n1146285/n1146352/n3054355/n3057497/n3057498/c656401 9/content.html.
基础设施	发改委、工信部	2018 年	《关于组织实施 2019 年新一代信息基础设施建设工程的通知》	http://www.gov.cn/xinwen/2018-12/11/content_5 347684.htm.
基础设施	工信部、国资委	2018 年	《关于深入推进网络提速降费加快培育经济发展新动能 2018 专项行动的实施意见》	http://www.gov.cn/xinwen/2018-05/17/content_5 291630.htm.
基础设施	国家发展改革委、教育部、科技部、工业和信息化部等 19 部门	2018 年	《关于发展数字经济稳定并扩大就业的指导意见》	http://www.gov.cn/xinwen/2018-09/26/content_5 325444.htm.

续 表

文件涉及内容	文件发表主体	文件发表时间	文件名称	文件来源
基础设施	中共中央办公厅、国务院办公厅	2019年	《数字乡村发展战略纲要》	http://www.gov.cn/zhengce/2019-05/16/content_5392269.htm.
基础设施	发改委	2019年	《推动重点消费品更新升级畅通资源循环利用实施方案（2019—2020年）》	http://www.gov.cn/xinwen/2019-06/07/content_5398219.htm.
基础设施	IMT-2020（5G）推进组	2019年	《5G应用创新发展白皮书》	https://www.yealink.com.cn/news/310.
基础设施	工信部	2019年	《关于印发"5G+工业互联网"512工程推进方案的通知》	http://www.cac.gov.cn/2019-11/24/c_1576133540276534.htm.
基础设施	中共中央、国务院	2019年	《长江三角洲区域一体化发展规划纲要》	http://www.gov.cn/zhengce/2019-12/01/content_5457442.htm.
基础设施	工信部	2020年	《中小企业数字化赋能专项行动方案》	http://www.gov.cn/zhengce/zhengceku/2020-03/24/content_5494882.htm.
基础设施	发改委、网信办	2020年	《关于推进"上云用数赋智"行动 培育新经济发展实施方案》	https://www.ndrc.gov.cn/xxgk/zcfb/tz/202004/t20200410_1225542.html.
基础设施	发改委、工信部	2020年	《关于组织实施2020年新型基础设施建设工程(宽带网络和5G领域)的通知》	http://www.escn.com.cn/news/show-821940.html.
基础设施	工信部	2020年	《关于推动5G加快发展的通知》	https://gdca.miit.gov.cn/gdcmsnet/gdcms/content/static.View?path=56/7277.html.
数据流动	十一届全国人大常委会第十四次会议	2010年	《保守国家秘密法》	主席令第二十八号.

数据流动	国务院	2011 年	《关于银行业金融机构做好个人金融信息保护工作的通知》	http://www.gov.cn/gongbao/content/2011/content_1918924.htm.
数据流动	工业和信息化部	2013 年	《信息安全技术公共及商用服务系统个人信息保护指南》	《GB28828-2012-信息安全技术公共及商用服务信息系统个人信息保护指南》.
数据流动	中共中央网络安全和信息化委员会办公室	2015 年	《关于加强党政部门云计算服务网络安全管理的意见》	http://www.cac.gov.cn/2015-06/26/c_1115736157.htm.
数据流动	国务院第 111 次常务会议通过	2015 年	《地图管理条例》	国务院令第 664 条.
数据流动	20 国集团杭州峰会	2016 年	《二十国集团数字经济发展与合作倡议》	http://www.g20chn.org/hywj/dncgwj/201609/t201609 20_3474.html.
数据流动	全国人民代表大会常务委员会	2016 年	《网络安全法》	《中华人民共和国主席令第五十三号》.
数据流动	国家互联网信息办公室	2017 年	《个人信息和重要数据出境安全评估办法》（征求意见稿）	http://www.cac.gov.cn/2019-05/24/c_1124532846.htm.
数据流动	国家互联网信息办公室	2019 年	《网络安全审查办法》（征求意见稿）	http://www.cac.gov.cn/2019-05/24/c_1124532846.htm
数据流动	国家互联网信息办公室	2019 年	《数据安全管理办法》（征求意见稿）	http://www.gov.cn/xinwen/2019-05/28/content_53 95524.htm.
数据流动	国家互联网信息办公室	2019 年	《个人信息出境安全评估办法》（征求意见稿）	http://www.moj.gov.cn/news/content/2019-06/13/zlk_3325812.html.

全球数字贸易规则与中国实践

续　表

文件涉及内容	文件发表主体	文件发表时间	文件名称	文件来源
数据流动	中国等世贸组织成员于电子商务非正式部长级会议	2019 年	《电子认证服务管理办法》	中华人民共和国工业和信息化部令第 1 号公布.
数据流动	中华人民共和国商务部财务司	2019 年	《关于跨境电子商务零售进、出口商品有关监管事宜的公告》	http://cws.mofcom.gov.cn/article/swcjzc/2019 12/20191202902206.shtml.
数据流动	十三届全国人大常委会第五十八次委员长会议	2020 年	《个人信息保护法》	《中华人民共和国个人信息保护法及立法信息研究报告》.
数据流动	十三届全国人大常委会	2021 年	《数据安全法》	http://www.gov.cn/xinwen/2021-06/11/content_5616 919.htm.
数据流动	深圳经济特区	2021 年	《深圳经济特区数据条例》（征求意见稿）	http://www.sz.gov.cn/cn/xxgk/zfxxgj/zwdt/content/ post_8823053.html.
电子签名	工业和信息化部	2015 年	《电子认证服务管理办法》	http://miit.gov.cn/n1146285/n1146352/n3054355/ n3057254/n3057264/c3554822/content.html.
电子签名	国家密码管理局	2017 年	《电子认证服务密码管理办法》	http://www.oscca.gov.cn/sca/xxgk/2017-12/06/ content_1002579.shtml.
电子签名	全国人大常委会	2019 年	《中华人民共和国电子签名法（2019修正）》	http://www.moj.gov.cn/Department/content/2019-0 6/11/592_236651.html.
关税	全国人大常委会	1987 年	《中华人民共和国海关法》	http://www.customs.gov.cn/customs/302249/302 266/302267/1880958/index.html.

150

关税	海关总署	1994 年	《中华人民共和国海关对于入境旅客行李物品和个人邮递物品征收进口税办法》	http://www.110.com/fagui/law_170817.html.
关税	国务院	2003 年	《中华人民共和国进出口关税条例》	http://www.china.com.cn/law/flfg/txt/2006-08/08/content_7058552.htm.
关税	海关总署	2014 年	《对于跨境贸易电子商务进出境货物、物品有关监管事宜的公告》	http://gkml.customs.gov.cn/tabid/1165/InfoID/21416/Default.aspx.
关税	财政部、海关总署、国家税务总局	2016 年	《关于暂不予放行旅客行李物品暂存有关事项的公告》（2016 年第 14 号）	http://www.customs.gov.cn/customs/302249/302267/356303/index.html.
关税	财政部、海关总署、国家税务总局	2016 年	《关于调整境内物品进口税有关问题的通知 》	http://www.gov.cn/xinwen/2019-04/09/content_5380667.htm.
关税	财政部、海关总署、国家税务总局	2016 年	《关于启用新快件通关系统作相关事宜的公告》（2016 年第 19 号）	http://gkml.customs.gov.cn/tabid/1165/InfoID/25168/Default.aspx.
关税	财政部、海关总署、国家税务总局	2016 年	《关于跨境电子商务零售进口税收政策的通知》	http://www.chinatax.gov.cn/n810341/n810755/c2044092/content.html.
关税	财政部、海关总署、国家税务总局	2016 年	《关于〈中华人民共和国进境物品归类表〉和〈中华人民共和国进境物品完税价格表〉的公告》（2016 年第 25 号）	http://www.customs.gov.cn/lanzhou_customs/55312/55312/2059608/index.html.
关税	财政部、海关总署、国家税务总局	2016 年	《关于跨境电子商务零售进口商品有关监管事宜的公告》（2016 年第 26 号）	http://www.customs.gov.cn/customs/302249/302266/302267/356315/index.html.

续 表

文件涉及内容	文件发表主体	文件发表时间	文件名称	文件来源
关税	财政部、海关总署、国家税务总局	2016年	《关于公布跨境电子商务零售进口商品清单的公告》	http://www.customs.gov.cn/customs/302249/302266/302267/632481/index.html.
关税	财政部、海关总署、国家税务总局	2016年	《关于公布跨境电子商务零售进口商品清单（第二批）的公告》	http://www.gov.cn/xinwen/2016-04/20/content_5066170.htm.
关税	财政部、税务总局、商务部、海关总署	2018年	《关于跨境电子商务综合试验区零售出口货物税收政策的通知》	http://www.chinatax.gov.cn/n810341/n810755/c3766983/content.html.
关税	财政部、海关总署、税务总局	2018年	《关于完善跨境电子商务零售进口税收政策的通知》	http://www.chinatax.gov.cn/n810341/n810755/c392956 2/content.html.
关税	海关总署	每年更新	《中华人民共和国海关进出口税则》	《中华人民共和国海关进出口税则》编委会．中华人民共和国海关进出口税则：汉英对照 [M]．北京：经济日报出版社，2013.
个人信息保护	中国	2011年	《中国人民银行关于银行业金融机构做好个人金融信息保护工作的通知》	http://www.npc.gov.cn/zgrdw/npc/xinwen/2017-03/15/content_2018907.htm.
个人信息保护	中国	2013年	《电信和互联网用户个人信息保护规定》	http://www.cac.gov.cn/2012-07/29/c_133142088.htm.
个人信息保护	中国	2015年	《中华人民共和国刑法修正案（九）》	http://www.ahsixian.jcy.gov.cn/tzgg/201509/t20150902_1672090.shtml.
个人信息保护	中国	2016年	《国家信息化发展战略纲要》	http://www.gov.cn/xinwen/2016-07/27/content_5095297.htm.
个人信息保护	中国	2016年	《网络安全法》	http://www.cac.gov.cn/2016-11/07/c_1119867116.htm.

个人信息保护	中国	2017 年	《中华人民共和国民法总则》（已失效）	http://www.npc.gov.cn/zgrdlw/npc/xinwen/2017-03/15/content_2018907.htm.
个人信息保护	中国	2018 年	《中华人民共和国宪法修正案》	https://www.sohu.com/a/359785257_120207624.
个人信息保护	中国	2018 年	《关于促进"互联网＋医疗健康"发展的意见》	http://www.gov.cn/zhengce/content/2018-04/28/content_5286645.htm.
个人信息保护	中国	2018 年	《电子商务法》	http://www.mofcom.gov.cn/article/zt_dzswfl/.
个人信息保护	中国	2018 年	《关于促进大数据发展行动纲要》	http://www.gov.cn/zhengce/content/2015-09/05/content_10137.htm.
个人信息保护	中国	2018 年	《新一代人工智能发展规划的通知》	http://www.gov.cn/zhengce/content/2017-07/20/content_5211996.htm.
个人信息保护	中国	2019 年	《个人信息出境安全评估办法》（征求意见稿）	http://www.gov.cn/xinwen/2019-06/13/content_5399812.htm.
个人信息保护	中国	2019 年	《儿童个人信息网络保护规定》	http://www.cac.gov.cn/2019-08/23/c_1124913903.htm
个人信息保护	中国	2021 年	《数据安全法》	http://www.gov.cn/xinwen/2021-06/11/content_5616919.htm.
个人信息保护	中国	2021 年	《深圳经济特区数据条例》（征求意见稿）	http://www.sz.gov.cn/cn/xxgk/zfxxgj/zwdt/content/post_8823053.html.

（二）文件详情

根据规则与标准篇的梳理，本文从国家政府部门相关网站查找了国内有关八个方面的政策法规原文，并在此列举了本研究认为比较重要的政策法规各一个，如表3所示，政策法规具体内容附表后。

表3　国内政策法规一览表

部门	年份	名称
国务院	2019	《中共中央 国务院关于推进贸易高质量发展的指导意见》
发改委、工信部	2020	《关于组织实施 2020 年新型基础设施建设工程（宽带网络和 5G 领域）的通知》
网信办	2014	《关于加强党政部门云计算服务网络安全管理的意见》
网信办	2017	《个人信息和重要数据出境安全评估办法（征求意见稿）》
人大常委会	2019 修订	《中华人民共和国电子签名法》
财政部、海关总署、国家税务总局	2016	《关于跨境电子商务零售进口税收政策的通知》
工信部	2013	《电信和互联网用户个人信息保护规定》
人大常委会	2018	《中华人民共和国电子商务法》
人大常委会	2021	《中华人民共和国个人信息保护法》
人大常委会	2021	《中华人民共和国数据安全法》
深圳人大常委	2021	《深圳经济特区数据条例（征求意见稿）》

关于推进贸易高质量发展的指导意见

（2019年11月19日）

推进贸易高质量发展，是党中央面对国际国内形势深刻变化作出的重大决策部署，是奋力推进新时代中国特色社会主义事业的必然要求，是事关经济社会发展全局的大事。为加快培育贸易竞争新优势，推进贸易高质量发展，现提出如下意见。

一、总体要求

以习近平新时代中国特色社会主义思想为指导，全面贯彻党的十九大和十九届二中、三中、四中全会精神，坚持新发展理念，坚持推动高质量发展，以供给侧结构性改革为主线，加快推动由商品和要素流动型开放向规则等制度型开放转变，建设更高水平开放型经济新体制，完善涉外经贸法律和规则体系，深化外贸领域改革，坚持市场化原则和商业规则，强化科技创新、制度创新、模式和业态创新，以共建"一带一路"为重点，大力优化贸易结构，推动进口与出口、货物贸易与服务贸易、贸易与双向投资、贸易与产业协调发展，促进国际国内要素有序自由流动、资源高效配置、市场深度融合，促进国际收支基本平衡，实现贸易高质量发展，开创开放合作、包容普惠、共享共赢的国际贸易新局面，为推动我国经济社会发展和构建人类命运共同体作出更大贡献。

到2022年，贸易结构更加优化，贸易效益显著提升，贸易实力进一步增强，建立贸易高质量发展的指标、政策、统计、绩效评价体系。

二、加快创新驱动，培育贸易竞争新优势

（一）夯实贸易发展的产业基础。发挥市场机制作用，促进贸易与产业互动，推进产业国际化进程。加快发展和培育壮大新兴产业，推动重点领域率先突破。优化升级传统产业，提高竞争力。加快发展现代服务

业，特别是生产性服务业，推进先进制造业与现代服务业深度融合。加快建设现代农业。培育具有全球影响力和竞争力的先进制造业集群。

（二）增强贸易创新能力。构建开放、协同、高效的共性技术研发平台，强化制造业创新对贸易的支撑作用。推动互联网、物联网、大数据、人工智能、区块链与贸易有机融合，加快培育新动能。加强原始创新、集成创新。充分利用多双边合作机制，加强技术交流与合作。着力扩大知识产权对外许可。积极融入全球创新网络。

（三）提高产品质量。加强质量管理，积极采用先进技术和标准，提高产品质量。推动一批重点行业产品质量整体达到国际先进水平。进一步完善认证认可制度，加快推进与重点市场认证和检测结果互认。完善检验检测体系，加强检验检测公共服务平台建设。健全重要产品追溯体系。

（四）加快品牌培育。大力培育行业性、区域性品牌。在重点市场举办品牌展览推介，推动品牌产品走向世界。加强商标、专利等知识产权保护和打击假冒伪劣工作，鼓励企业开展商标和专利境外注册。强化品牌研究、品牌设计、品牌定位和品牌交流，完善品牌管理体系。加强商标、地理标志品牌建设，提升中国品牌影响力。

三、优化贸易结构，提高贸易发展质量和效益

（五）优化国际市场布局。继续深耕发达经济体等传统市场。着力深化与共建"一带一路"国家的贸易合作，拓展亚洲、非洲、拉美等市场。逐步提高自贸伙伴、新兴市场和发展中国家在我国对外贸易中的占比，扩大与周边国家贸易规模。综合考虑市场规模、贸易潜力、消费结构、产业互补、国别风险等因素，引导企业开拓一批重点市场。

（六）优化国内区域布局。以"一带一路"建设、京津冀协同发展、长江经济带发展、长江三角洲区域一体化发展、粤港澳大湾区建设、黄河流域生态保护和高质量发展、推进海南全面深化改革开放等重大战略

为引领，推动区域间融通联动。推动东部地区新旧动能转换，实现贸易高质量发展。支持中西部和东北地区加快发展，承接国内外产业转移，提高开放型经济比重。提升边境经济合作区、跨境经济合作区发展水平。

（七）优化经营主体。鼓励行业龙头企业提高国际化经营水平，逐步融入全球供应链、产业链、价值链，形成在全球范围内配置要素资源、布局市场网络的能力。支持推动中小企业转型升级，聚焦主业，走"专精特新"国际化道路。

（八）优化商品结构。大力发展高质量、高技术、高附加值产品贸易。不断提高劳动密集型产品档次和附加值。优化资本品、消费品贸易结构，扩大中间品贸易规模，发展和保护全球产业链。加快推动智能制造发展，逐步从加工制造环节向研发设计、营销服务、品牌经营等环节攀升，稳步提高出口附加值。

（九）优化贸易方式。做强一般贸易，增强议价能力，提高效益和规模。提升加工贸易，鼓励向产业链两端延伸，推动产业链升级；推进维修、再制造、检测等业务发展；利用互联网、大数据等信息技术完善监管。发展其他贸易，加快边境贸易创新发展和转型升级，探索发展新型贸易方式。

四、促进均衡协调，推动贸易可持续发展

（十）积极扩大进口。适时进一步降低进口关税和制度性成本，激发进口潜力，优化进口结构。扩大先进技术、设备和零部件进口。鼓励国内有需求的资源性产品进口。支持日用消费品、医药和康复、养老护理等设备进口。促进研发设计、节能环保、环境服务等生产性服务进口。

（十一）大力发展服务贸易。深化服务贸易领域改革和开放，持续推进服务贸易创新发展试点，完善促进服务贸易发展的管理体制和政策体系。加快数字贸易发展。推进文化、数字服务、中医药服务等领域特色服务出口基地建设。完善技术进出口管理制度，建立健全技术贸易促进

体系。探索跨境服务贸易负面清单管理制度。加强服务贸易国际合作，打造"中国服务"国家品牌。

（十二）推动贸易与双向投资有效互动。持续放宽外资市场准入，鼓励外资投向新兴产业、高新技术、节能环保、现代服务业等领域，充分发挥外资对产业升级和外贸高质量发展的带动作用。深化国际产能和装备制造合作，培育一批产业定位清晰、发展前景好的境外经贸合作区。大力发展对外工程承包，带动装备、技术、标准、认证和服务走出去。

（十三）推进贸易与环境协调发展。发展绿色贸易，严格控制高污染、高耗能产品进出口。鼓励企业进行绿色设计和制造，构建绿色技术支撑体系和供应链，并采用国际先进环保标准，获得节能、低碳等绿色产品认证，实现可持续发展。

五、培育新业态，增添贸易发展新动能

（十四）促进贸易新业态发展。推进跨境电子商务综合试验区建设，复制推广成熟经验做法。完善跨境电子商务零售进出口管理模式，优化通关作业流程，建立全口径海关统计制度。在总结试点经验基础上，完善管理体制和政策措施，推进市场采购贸易方式试点。完善外贸综合服务企业发展政策，推动信息共享和联合监管。鼓励发展其他贸易新业态。

（十五）提升贸易数字化水平。形成以数据驱动为核心、以平台为支撑、以商产融合为主线的数字化、网络化、智能化发展模式。推动企业提升贸易数字化和智能化管理能力。大力提升外贸综合服务数字化水平。积极参与全球数字经济和数字贸易规则制定，推动建立各方普遍接受的国际规则。

（十六）加快服务外包转型升级。健全服务外包创新机制，培育创新环境，促进创新合作。加快服务外包向高技术、高附加值、高品质、高效益方向发展。发挥服务外包示范城市创新引领作用，促进服务外包产业向价值链中高端转型升级。积极发展设计、维修、咨询、检验检测等

领域服务外包，促进生产性服务贸易发展。

六、建设平台体系，发挥对贸易的支撑作用

（十七）加快培育各类外贸集聚区。推进国家外贸转型升级基地建设，依托产业集聚区，培育一批产业优势明显、创新驱动突出、公共服务体系完善的基地。加快加工贸易转型升级示范区、试点城市和梯度转移重点承接地发展。推进国家级新区、经济技术开发区、高新技术产业开发区、海关特殊监管区域等各类开放平台建设，创新管理制度。

（十八）推进贸易促进平台建设。办好中国国际进口博览会，不断提升其吸引力和国际影响力。拓展中国进出口商品交易会（广交会）、中国国际服务贸易交易会（京交会）等综合性展会功能，培育若干国际知名度高、影响力大的境内外展会。培育国家进口贸易促进创新示范区，创新监管制度、服务功能、交易模式，带动周边地区增强进口能力。

（十九）推进国际营销体系建设。鼓励企业针对不同市场、不同产品建设营销保障支撑体系，促进线上线下融合发展。完善售后服务标准，提高用户满意度，积极运用物联网、大数据等技术手段开展远程监测诊断、运营维护、技术支持等售后服务。推进国际营销公共平台建设。

（二十）完善外贸公共服务平台建设。加强对重点市场相关法律、准入政策、技术法规、市场信息等收集发布。支持各级政府、行业组织及企业建设不同层级、不同领域的公共服务平台，加强公共服务供给。

（二十一）构建高效跨境物流体系。推进跨境基础设施建设与互联互通，共同推动运输便利化安排和大通关协作。加快发展智能化多式联运。加快智慧港口建设。鼓励电商、快递、物流龙头企业建设境外仓储物流配送中心，逐步打造智能物流网络。

七、深化改革开放，营造法治化国际化便利化贸易环境

（二十二）深化管理体制改革。进一步推进外贸体制改革，加强事中

事后监管。完善政策协调机制，加强财税、金融、产业、贸易等政策之间衔接。推动世界贸易组织《贸易便利化协定》在国内实施。优化通关、退税、外汇、安全、环保管理方式，推进国际贸易"单一窗口"建设和应用，落实减税降费政策，加快打造国际一流、公平竞争的营商环境。

（二十三）充分发挥自由贸易试验区示范引领作用，高水平建设中国特色自由贸易港。以制度创新为核心，推动自由贸易试验区先行先试，开展首创性、差别化改革探索，加快形成法治化国际化便利化的营商环境和公平开放统一高效的市场环境。探索实施国际通行的货物、资金、人员出入境等管理制度。积极复制推广改革试点经验。加快探索建设自由贸易港，打造开放层次更高、营商环境更优、辐射作用更强的开放新高地。

（二十四）加强知识产权保护和信用体系建设。加大对侵权违法行为的惩治力度。加强知识产权保护国际合作，积极参与相关国际规则构建。完善海外知识产权维权援助机制。推进商务、知识产权、海关、税务、外汇等部门信息共享、协同执法的监管体系建设。建立经营主体信用记录，实施失信联合惩戒。

八、坚持共商共建共享，深化"一带一路"经贸合作

（二十五）深化贸易合作。拓宽贸易领域，推动优质农产品、制成品和服务进口，促进贸易平衡发展。发展特色服务贸易。推进中欧班列、西部陆海新通道等国际物流和贸易大通道建设。发展"丝路电商"，鼓励企业在相关国家开展电子商务。积极开展促贸援助。推进商建贸易畅通工作机制。

（二十六）创新投资合作。拓宽双向投资领域，推动绿色基础设施建设、绿色投资，推动企业按照国际规则标准进行项目建设和运营。鼓励合作建设境外经贸合作区、跨境经济合作区等产业园区，促进产业集群发展。推动新兴产业合作。推进商建投资合作工作机制。

（二十七）促进贸易投资自由化便利化。积极开展共建"一带一路"经贸领域合作、三方合作、多边合作，推进合作共赢的开放体系建设，加强贸易和投资领域规则标准对接。推动削减非关税壁垒，提高技术性贸易措施透明度，提升贸易投资便利化水平。

九、坚持互利共赢，拓展贸易发展新空间

（二十八）建设性参与全球经济治理，推动区域、次区域合作。维护以规则为基础的开放、包容、透明、非歧视性等世界贸易组织核心价值和基本原则，反对单边主义和保护主义，推动对世界贸易组织进行必要改革。积极参与多边贸易规则谈判，维护多边贸易体制的权威性和有效性。深入参与二十国集团、金砖国家、亚太经合组织、湄公河次区域经济合作、大图们倡议等多边和区域、次区域合作机制，积极贡献更多中国倡议、中国方案。

（二十九）加快高标准自由贸易区建设。不断扩大自由贸易区网络覆盖范围，加快形成立足周边、辐射"一带一路"、面向全球的高标准自由贸易区网络。推动与世界重要经济体商建自由贸易区进程，努力提高开放水平，扩大市场准入，提高规则标准。

十、加强组织实施，健全保障体系

（三十）加强党对推进贸易高质量发展工作的全面领导。建立推进贸易高质量发展工作机制，整体推进贸易高质量发展，工作机制办公室设在商务部。商务部会同有关部门，加强协调指导，制定行动计划。

（三十一）健全法律法规体系。落实全面依法治国基本方略，不断完善贸易及相关领域国内立法，为贸易高质量发展提供法治保障。促进国内经贸立法与国际经贸规则的良性互动。加强贸易政策合规工作。

（三十二）加大政策支持力度。在符合世界贸易组织规则前提下，发挥财政资金对贸易发展的促进作用。结合增值税改革和立法，逐步完善

出口退税机制。在依法合规、风险可控、商业可持续前提下，支持金融机构有序开展金融创新，提供多样化、综合化金融服务。进一步发挥进出口信贷和出口信用保险作用。稳步提高跨境贸易人民币结算比例，扩大经常项目人民币跨境使用，拓宽人民币跨境投融资渠道。

（三十三）加强贸易领域风险防范。加快出口管制体系建设，强化最终用户最终用途管理。继续敦促相关国家放宽对华出口管制。建立出口管制合规体系。完善对外贸易调查制度。健全产业损害预警体系。妥善应对贸易摩擦。提升运用贸易救济规则能力和水平。研究设立贸易调整援助制度。加强风险监测分析预警，引导企业防范风险。

（三十四）完善中介组织和智力支撑体系。加强与国际组织、各国各地区相关机构和工商业界交流合作，充分发挥行业组织、贸促机构在贸易促进、信息交流、标准体系建设、行业自律、应对摩擦等方面的作用，助力外贸高质量发展。设立推进贸易高质量发展专家咨询委员会。强化外贸发展人才支撑。

中央和国家机关有关部门要按照职能分工，研究具体政策措施，加强协同配合，形成工作合力。各级党委和政府要切实加强组织领导，强化责任担当，结合本地区实际进一步明确重点任务，抓好相关工作落实。

关于组织实施 2020 年新型基础设施建设工程（宽带网络和 5G 领域）的通知

国家发展改革委办公厅工业和信息化部办公厅

各省、自治区、直辖市及计划单列市、新疆生产建设兵团发展改革委、通信管理局，有关中央管理企业：

为深入学习贯彻习近平新时代中国特色社会主义思想和党的十九大精神，落实中央经济工作会议部署和"十三五"规划《纲要》要求，加快实施"宽带中国"战略，着力推进新型基础设施建设，国家发展改革委、工业和信息化部联合组织实施 2020 年新型基础设施建设工程（宽带网络和 5G 领域）。现将有关事项通知如下。

一、总体原则

突出重点，聚焦信息网络等新型基础设施全局性、基础性、战略性的重大项目，关注重点方向和关键环节；创新方式，充分发挥第三方专业机构作用，确保项目评审公正、规范、科学；强化监管，突出项目主管部门、行业主管部门、第三方专业机构和项目实施单位的责任，加强项目事中事后监管；协同推进，项目主管部门会同行业主管部门加强对项目的检查和指导，协同推进项目顺利实施。

二、支持重点

（一）基础网络完善工程。

面向中西部和东北地区，组织实施基础网络完善工程，以省为单位开展相关区域内县城和乡镇驻地城域传输网、IP 城域网节点设备新建和扩容，开展县城至乡镇、地市至县城之间光缆、通信杆路/管道、光传输设备建设和扩容，提升农村地区宽带用户接入速率和普及水平，支撑乡村公共卫生体系完善和教育信息化转型升级，为加快数字乡村建设、打赢脱贫攻坚战提供重要保障。

指标要求：

（1）单一省市实施区域不少于15个县（区、市、旗）。

（2）工程实施区域内90%以上宽带用户接入能力达到100Mbps，70%以上宽带用户开通100Mbps及以上速率业务。

（3）县城具有2个以上业务出口节点，县城至地市具有2个以上光缆路由。

（4）县城至地市的上联带宽平均达到50Gbps以上，乡镇至县城的平均上联带宽达到10Gbps以上。

（5）为宽带网络覆盖县城、乡镇周边相关农村提供网络接入条件，做好基础设施支撑。

（6）新建和扩容设备均应支持IPv6协议，并能按需开通IPv6专线业务。

（二）5G创新应用提升工程。

1.面向重大公共卫生突发事件的5G智慧医疗系统建设。开展基于5G新型网络架构的智慧医疗技术研发，建设5G智慧医疗示范网，构建评测验证环境，推动满足智慧医疗协同需求的网络关键设备和原型系统的产业化，加快5G在疫情预警、院前急救、远程实时会诊、远程手术、无线监护、移动查房等环节的应用推广，有效保障医护人员健康，为应对重大公共卫生突发事件等提供重要支撑。

指标要求：

（1）建设包括医院内部网络、远程医疗专网、应急救治网络的5G智慧医疗示范网，5G基站数量不少于30个，远程医疗专网覆盖"省－市－县－乡－村"五级医疗机构不少于20家，医疗急救车信息化改造不少于10辆。

（2）建设智慧医疗平台系统，支撑诊断场景及手术类型不少于10种，服务医院和企业用户不少于80家。

（3）具备车载移动多方会诊能力，并发会诊量不少于100组，支持智能医学影像辅助诊断功能。

（4）开展移动查房、移动护理、多学科协同会诊、远程病理诊断等不少于8项示范应用，开展远程虚拟现实（VR）急救、急救车现场急救、无人机远程急救等不少于3种急救应用。

（5）支持相关行业标准的制修订，搭建5G智慧医疗评测验证环境，开展5G智能医疗健康产品与系统的评测验证。

（6）满足行业信息共享制度规范要求。

2.面向"互联网＋"协同制造的5G虚拟企业专网建设。建设服务企业或园区的5G网络，搭建基于5G网络的工业协同制造平台，推动5G技术与工业网络、工业软件、控制系统融合，加快工业协同制造平台及解决方案的推广及应用，促进制造业数字化、网络化、智能化转型升级。

指标要求：

（1）企业或园区内，部署服务于虚拟企业专网的5G基站不少于10个，边缘计算（MEC）平台不少于2个。

（2）在20类工业终端或装备上部署5G终端模组，终端部署规模达到1000台以上。

（3）充分利用现有平台资源，或建设协同制造操作系统云平台，与主流工业平台实现互联互通，实现5G网络、终端能力调用及监测，具备百万级以上规模终端的接入管理能力。

（4）实现30个以上特定场景的工业应用，支持相关行业标准的制修订。

3.面向智能电网的5G新技术规模化应用。基于5G新型网络架构及智能电网场景，开展5G端到端网络切片及资源调度系统研发，满足智能电网业务管理区隔离、业务隔离等网络需求。研发网络关键设备和原型系统，提供融合5G技术的智能电网整体解决方案。

指标要求：

（1）针对智能电网不同业务网络性能需求，满足业务安全隔离以及关键信息基础设施安全防护要求，5G 承载电力业务不少于 20 个。

（2）研发并量产具备标准授时等功能的电力定制化终端不少于 200 台。

（3）搭建 5G 网络与智能电网业务系统结合的应用平台，部署 5G 基站数目不少于 50 个，边缘计算（MEC）平台不少于 2 个，终端数量达到 1000 台以上，示范应用场景数目不少于 20 个。

（4）支持 5G 与智能电网融合相关标准的制修订。

4. 基于 5G 的车路协同车联网大规模验证与应用。建设 C-V2X 规模示范网络，验证典型应用场景下的 C-V2X 车路协同平台功能和交互能力，以及相关 C-V2X/5G 模组、设备的功能及性能，并对大规模测试数据进行规范和分析。开展满足 C-V2X 大规模测试结果要求的相关模组、终端产品及平台的产业化研发。

指标要求：

（1）完成支持 C-V2X 技术的模组、设备（车载端和路侧端）的产业化研发，实现至少 200 辆车载设备和 200 个路侧设备的安装，实现至少 10 个模组的车载测试验证。

（2）在 1 到 2 个地级市开展示范应用，部署 C-V2X 车路系统应用平台，支持百万级设备或千万级消息并发。

（3）制定车路协同大规模测试验证数据开放规范，构建测试数据库，制定车路协同 C-V2X 相关标准。

5. 5G+ 智慧教育应用示范。基于 5G、VR/AR、4K/8K 超高清视频等技术，打造百校千课万人优秀案例，探索 5G 在远程教育、智慧课堂 / 教室、校园安全等场景下应用，重点开展 5G+ 高清远程互动教学、AR/VR 沉浸式教学、全息课堂、远程督导、高清视频安防监控等业务。

指标要求：

（1）部署5G基站不少于100个，边缘计算（MEC）平台不少于2个，支持网络切片功能。

（2）实现5G高清直播课堂、5G高清视频安防监控、5G AR/VR远程课堂等至少3类5G智慧教育典型应用示范，部署终端数量不少于500个。

（3）构建智慧教育AI大脑，实现个性化学习推荐、学生体质体能精准画像等功能。

（4）支持相关行业标准的制修订。

6.5G智慧港口应用系统建设。利用5G技术对港口信息化系统进行改造，实现对港口的水平运输、垂直运输以及船舶进出港等系统的智慧化转型升级。重点开展现场多路视频的回传及垂直运输港机的远程控制，完成港口自动理货、港口封闭区域内集卡自动驾驶等，提升港口理货的准确率及效率，实现降本增效。

指标要求：

（1）至少完成国内5个港口5G网络部署，部署基站数不少于30个，实现港口应用数不少于3项。

（2）建设基于5G的港区智能装卸体系，实现不少于30台龙门吊、岸桥的远程控制改造。

（3）开展基于5G+AI的岸桥智能理货系统研发，岸桥数量不少于20台。

（4）开展基于5G的港口无人运输车系统的研发，实现5个港口水平作业区共不少于15辆运输车自动路径规划、无人驾驶等。

（5）支持相关行业标准的制修订。

7.5G+4K/8K超高清制播系统基础设施建设。建设5G+4K/8K超高清制播系统设施，完善5G超高清业务传输网络等基础设施体系，开展便携式5G+4K/8K直播编码总体方案设计，促进5G超高清设备规模商用。

指标要求：

（1）建设5G+4K/8K超高清视频制播平台，丰富4K/8K超高清视频内容。

（2）支持5G场景下4K/8K超大码流的信源汇聚、信号调度、转码生产、内容播控和播出分发能力。

（3）支持4K/8K超高清视频H.265/HEVC、AVS2.0等编码格式，支持HDR主流技术，支持沉浸式音频。

（4）实现4K/8K视频码流的5G网络传输，开展SRT等互联网传输协议优化，支持相关行业标准的制修订。

（5）形成5G+4K/8K超高清视频规模化应用。

三、申报要求

（一）请各项目汇总申报单位根据《中央预算内投资补助和贴息项目管理办法》（国家发展改革委2016年45号令）、《高技术产业发展项目中央预算内投资（补助）暂行管理办法》（发改高技规〔2016〕2514号）有关规定及本通知要求，认真做好项目组织工作，指导项目建设单位编写项目资金申请报告、列入投资项目在线审批管理平台，并对报告及相关附件的真实性予以确认。

（二）支持方向请各相关省市发展改革委会同通信管理局或中央管理企业，作为项目汇总申报单位，择优选择具备条件、发展基础好的项目予以申报。项目申报主体应为企业法人。

基础网络完善工程须由具备电信业务经营资质的企业申报，各有关省、自治区、直辖市、新疆生产建设兵团限报1个；中国电信集团有限公司、中国联合网络通信集团有限公司作为汇总申报单位申报项目不超过5个；中国移动通信集团有限公司地方公司可从相关省市申报，请中国移动通信集团有限公司加强统筹协调，将集团申报项目总数控制在5个以内。

5G创新应用提升工程，各有关省、自治区、直辖市、计划单列市、新疆生产建设兵团限报2个，国家数字经济创新发展试验区相关省市限报

3个；中国电信集团有限公司、中国联合网络通信集团有限公司作为汇总申报单位申报数量不超过3个；中国移动通信集团有限公司地方公司可从相关省市申报，请中国移动通信集团有限公司将申报项目总数控制在3个以内；其他中央管理企业限报1个；项目建设所在地须为我委2017年新一代信息基础设施建设工程所支持的5G规模组网建设及应用示范地。

（三）单个项目总投资不低于1亿元。根据《高技术产业发展项目中央预算内投资（补助）暂行管理办法》，中央预算内补助资金按照分档原则安排。工程按1.5亿元、1亿元、0.5亿元三档安排补助资金，补助资金占核定后项目总投资的比例原则上不超过50%。

（四）请项目汇总申报单位做好项目申报工作，对项目严格把关，此前已获得国家财政资金支持的项目，不得重复申报。

（五）项目申报过程中暂不需提交环保、土地、节能、资金筹措等落实证明材料。项目获得批复后，请项目汇总申报单位负责督促项目申报单位落实所有建设条件，并及时向国家发展改革委报送申请下达资金的请示，请示中需明确各项建设条件已经落实，仍存在建设条件未落实的，不予下达资金。

（六）项目建设单位应实事求是制定建设方案，并对资金申请报告主要内容和相关附件真实性予以说明。要严格控制征地、新增建筑面积和投资规模，切实防范地方债务风险。项目资金申请报告的具体编写要求及项目基本情况参见附件。

（七）请各项目汇总申报单位于2020年3月18日前，编写完成项目申报文件以及项目资金申请报告、汇总表文件（见附件4）等，纸质版和光盘报送国家发展改革委（创新和高技术发展司）和工业和信息化部（信息通信发展司）。

个人信息和重要数据出境安全评估办法
（征求意见稿）

第一条 为保障个人信息和重要数据安全，维护网络空间主权和国家安全、社会公共利益，保护公民、法人和其他组织的合法利益，根据《中华人民共和国国家安全法》《中华人民共和国网络安全法》等法律法规，制定本办法。

第二条 网络运营者在中华人民共和国境内运营中收集和产生的个人信息和重要数据，应当在境内存储。因业务需要，确需向境外提供的，应当按照本办法进行安全评估。

第三条 数据出境安全评估应遵循公正、客观、有效的原则，保障个人信息和重要数据安全，促进网络信息依法有序自由流动。

第四条 个人信息出境，应向个人信息主体说明数据出境的目的、范围、内容、接收方及接收方所在的国家或地区，并经其同意。未成年人个人信息出境须经其监护人同意。

第五条 国家网信部门统筹协调数据出境安全评估工作，指导行业主管或监管部门组织开展数据出境安全评估。

第六条 行业主管或监管部门负责本行业数据出境安全评估工作，定期组织开展本行业数据出境安全检查。

第七条 网络运营者应在数据出境前，自行组织对数据出境进行安全评估，并对评估结果负责。

第八条 数据出境安全评估应重点评估以下内容：

（一）数据出境的必要性；

（二）涉及个人信息情况，包括个人信息的数量、范围、类型、敏感程度，以及个人信息主体是否同意其个人信息出境等；

（三）涉及重要数据情况，包括重要数据的数量、范围、类型及其敏感程度等；

（四）数据接收方的安全保护措施、能力和水平，以及所在国家和地区的网络安全环境等；

（五）数据出境及再转移后被泄露、毁损、篡改、滥用等风险；

（六）数据出境及出境数据汇聚可能对国家安全、社会公共利益、个人合法利益带来的风险；

（七）其他需要评估的重要事项。

第九条　出境数据存在以下情况之一的，网络运营者应报请行业主管或监管部门组织安全评估：

（一）含有或累计含有50万人以上的个人信息；

（二）数据量超过1000GB；

（三）包含核设施、化学生物、国防军工、人口健康等领域数据，大型工程活动、海洋环境以及敏感地理信息数据等；

（四）包含关键信息基础设施的系统漏洞、安全防护等网络安全信息；

（五）关键信息基础设施运营者向境外提供个人信息和重要数据；

（六）其他可能影响国家安全和社会公共利益，行业主管或监管部门认为应该评估。

行业主管或监管部门不明确的，由国家网信部门组织评估。

第十条　行业主管或监管部门组织的安全评估，应当于六十个工作日内完成，及时向网络运营者反馈安全评估情况，并报国家网信部门。

第十一条　存在以下情况之一的，数据不得出境：

（一）个人信息出境未经个人信息主体同意，或可能侵害个人利益；

（二）数据出境给国家政治、经济、科技、国防等安全带来风险，可能影响国家安全、损害社会公共利益；

（三）其他经国家网信部门、公安部门、安全部门等有关部门认定不能出境的。

第十二条　网络运营者应根据业务发展和网络运营情况，每年对数据出境至少进行一次安全评估，及时将评估情况报行业主管或监管部门。

当数据接收方出现变更，数据出境目的、范围、数量、类型等发生较大变化，数据接收方或出境数据发生重大安全事件时，应及时重新进行安全评估。

第十三条　对违反相关法律法规和本办法向境外提供数据的行为，任何个人和组织有权向国家网信部门、公安部门等有关部门举报。

第十四条　违反本办法规定的，依照有关法律法规进行处罚。

第十五条　我国政府与其他国家、地区签署的关于数据出境的协议，按照协议的规定执行。

涉及国家秘密信息的按照相关规定执行。

第十六条　其他个人和组织在中华人民共和国境内收集和产生的个人信息和重要数据出境的安全评估工作参照本办法执行。

第十七条　本办法下列用语的含义：

网络运营者，是指网络的所有者、管理者和网络服务提供者。

数据出境，是指网络运营者将在中华人民共和国境内运营中收集和产生的个人信息和重要数据，提供给位于境外的机构、组织、个人。

个人信息，是指以电子或者其他方式记录的能够单独或者与其他信息结合识别自然人个人身份的各种信息，包括但不限于自然人的姓名、出生日期、身份证件号码、个人生物识别信息、住址、电话号码等。

重要数据，是指与国家安全、经济发展，以及社会公共利益密切相关的数据，具体范围参照国家有关标准和重要数据识别指南。

第十八条　本办法自2017年 月 日起实施。

关于加强党政部门云计算服务网络安全管理的意见

中网办发文〔2014〕14号

各省、自治区、直辖市党委网络安全和信息化领导小组办公室，中央和国家机关各部委、各人民团体网络安全和信息化相关工作机构：

为加强党政部门云计算服务网络安全管理，维护国家网络安全，现就党政部门云计算服务网络安全管理提出以下意见。

一、充分认识加强党政部门云计算服务网络安全管理的必要性

云计算服务是以云计算技术与模式为主要特征的信息技术服务，包括 SaaS（软件即服务）、PaaS（平台即服务）、IaaS（基础设施即服务）等。党政部门采购云计算服务，有利于提高资源利用率和为民服务效率与水平，同时，安全风险也很突出：用户对数据、系统的控制管理能力减弱；安全责任不明确，一些单位可能由于数据和业务的外包而放松安全管理；云计算平台更加复杂，风险和隐患增多，控制和监管手段不足；云计算平台间的互操作和移植比较困难，用户数据和业务迁移到云计算平台后容易形成对云计算服务提供者（以下称服务商）的过度依赖。对此，各级党政部门务必高度重视，增强风险意识、责任意识，切实加强采购和使用云计算服务过程中的网络安全管理。

二、进一步明确党政部门云计算服务网络安全管理的基本要求

党政部门在采购使用云计算服务过程中应遵守，并通过合同等手段要求为党政部门提供云计算服务的服务商遵守以下要求：

——安全管理责任不变。网络安全管理责任不随服务外包而外包，无论党政部门数据和业务是位于内部信息系统还是服务商云计算平台上，党政部门始终是网络安全的最终责任人，应加强安全管理，通过签订合同、持续监督等方式要求服务商严格履行安全责任和义务，确保党政部

门数据和业务的机密性、完整性、可用性，以及互操作性、可移植性。

——数据归属关系不变。党政部门提供给服务商的数据、设备等资源，以及云计算平台上党政业务系统运行过程中收集、产生、存储的数据和文档等资源属党政部门所有。服务商应保障党政部门对这些资源的访问、利用、支配，未经党政部门授权，不得访问、修改、披露、利用、转让、销毁党政部门数据；在服务合同终止时，应按要求做好数据、文档等资源的移交和清除工作。

——安全管理标准不变。承载党政部门数据和业务的云计算平台要参照党政信息系统进行网络安全管理，服务商应遵守党政信息系统的网络安全政策规定、信息安全等级保护要求、技术标准，落实安全管理和防护措施，接受党政部门和网络安全主管部门的网络安全监管。

——敏感信息不出境。为党政部门提供服务的云计算服务平台、数据中心等要设在境内。敏感信息未经批准不得在境外传输、处理、存储。

三、合理确定采用云计算服务的数据和业务范围

党政部门要参照《信息安全技术 云计算服务安全指南》等国家标准，对数据的敏感程度、业务的重要性进行分类，全面分析、综合平衡采用云计算服务后的安全风险和效益，科学规划和确定采用云计算服务的数据、业务范围和进度安排。对于涉及国家秘密、工作秘密的业务，不得采用社会化云计算服务。对于包含大量敏感信息和公民隐私信息、直接影响党政机关运转和公众生活工作的关键业务，应在确保安全的前提下再考虑向云计算平台迁移。对于保护等级四级以上的信息系统，以及一旦出现问题可能造成重大经济损失，甚至危害国家安全的业务不宜采用社会化云计算服务。

四、统一组织党政部门云计算服务网络安全审查

中央网信办会同有关部门建立云计算服务安全审查机制，对为党政

部门提供云计算服务的服务商，参照有关网络安全国家标准，组织第三方机构进行网络安全审查，重点审查云计算服务的安全性、可控性。党政部门采购云计算服务时，应逐步通过采购文件或合同等手段，明确要求服务商应通过安全审查。鼓励重点行业优先采购和使用通过安全审查的服务商提供的云计算服务。

五、加强云计算服务过程的持续指导和监督

党政部门应按照合同管理等有关要求，参考相关技术标准和指南，同服务商签订服务合同、协议。合同和协议要充分体现网络安全管理要求，明确合同双方的网络安全责任义务。直接参与党政业务系统运行管理的服务商人员应签订安全保密协议，必要时要对其进行背景调查。

党政部门要认真履行合同规定的责任义务，监督服务商加强安全防护管理，要求服务商在发生网络安全案件或重大事件时，及时向有关部门报告，配合开展调查工作。要组织对云计算服务的安全监测，加强安全检查，及时发现和通报安全隐患。

六、强化保密审查和安全意识培养

党政部门应建立健全云计算服务保密审查制度，指定机构和人员负责对迁移到云计算平台上的数据、业务进行保密审查，确保数据和业务不涉及国家秘密。综合分析数据关联性，防止因数据汇聚涉及国家秘密，不得使用非涉密网络中的云计算平台处理涉及国家秘密的信息。党政部门在使用云计算服务前，要集中组织开展机关工作人员网络安全和保密教育培训，明示使用云计算服务面临的安全保密风险；要求服务商加强对员工的安全和保密教育，自觉维护党政部门云计算服务安全。

中央网络安全和信息化

领导小组办公室

2014年12月30日

中华人民共和国电子签名法

（2004年8月28日第十届全国人民代表大会常务委员会第十一次会议通过　根据2015年4月24日第十二届全国人民代表大会常务委员会第十四次会议《关于修改〈中华人民共和国电力法〉等六部法律的决定》第一次修正　根据2019年4月23日第十三届全国人民代表大会常务委员会第十次会议《关于修改〈中华人民共和国建筑法〉等八部法律的决定》第二次修正）

目　录

第一章　总　则
第二章　数据电文
第三章　电子签名与认证
第四章　法律责任
第五章　附　则

第一章　总　则

第一条　为了规范电子签名行为，确立电子签名的法律效力，维护有关各方的合法权益，制定本法。

第二条　本法所称电子签名，是指数据电文中以电子形式所含、所附用于识别签名人身份并表明签名人认可其中内容的数据。

本法所称数据电文，是指以电子、光学、磁或者类似手段生成、发送、接收或者储存的信息。

第三条　民事活动中的合同或者其他文件、单证等文书，当事人可以约定使用或者不使用电子签名、数据电文。

当事人约定使用电子签名、数据电文的文书，不得仅因为其采用电子签名、数据电文的形式而否定其法律效力。

前款规定不适用下列文书：

（一）涉及婚姻、收养、继承等人身关系的；

（二）涉及停止供水、供热、供气等公用事业服务的；

（三）法律、行政法规规定的不适用电子文书的其他情形。

第二章　数据电文

第四条　能够有形地表现所载内容，并可以随时调取查用的数据电文，视为符合法律、法规要求的书面形式。

第五条　符合下列条件的数据电文，视为满足法律、法规规定的原件形式要求：

（一）能够有效地表现所载内容并可供随时调取查用；

（二）能够可靠地保证自最终形成时起，内容保持完整、未被更改。但是，在数据电文上增加背书以及数据交换、储存和显示过程中发生的形式变化不影响数据电文的完整性。

第六条　符合下列条件的数据电文，视为满足法律、法规规定的文件保存要求：

（一）能够有效地表现所载内容并可供随时调取查用；

（二）数据电文的格式与其生成、发送或者接收时的格式相同，或者格式不相同但是能够准确表现原来生成、发送或者接收的内容；

（三）能够识别数据电文的发件人、收件人以及发送、接收的时间。

第七条　数据电文不得仅因为其是以电子、光学、磁或者类似手段生成、发送、接收或者储存的而被拒绝作为证据使用。

第八条　审查数据电文作为证据的真实性，应当考虑以下因素：

（一）生成、储存或者传递数据电文方法的可靠性；

（二）保持内容完整性方法的可靠性；

（三）用以鉴别发件人方法的可靠性；

（四）其他相关因素。

第九条 数据电文有下列情形之一的，视为发件人发送：

（一）经发件人授权发送的；

（二）发件人的信息系统自动发送的；

（三）收件人按照发件人认可的方法对数据电文进行验证后结果相符的。

当事人对前款规定的事项另有约定的，从其约定。

第十条 法律、行政法规规定或者当事人约定数据电文需要确认收讫的，应当确认收讫。发件人收到收件人的收讫确认时，数据电文视为已经收到。

第十一条 数据电文进入发件人控制之外的某个信息系统的时间，视为该数据电文的发送时间。

收件人指定特定系统接收数据电文的，数据电文进入该特定系统的时间，视为该数据电文的接收时间；未指定特定系统的，数据电文进入收件人的任何系统的首次时间，视为该数据电文的接收时间。

当事人对数据电文的发送时间、接收时间另有约定的，从其约定。

第十二条 发件人的主营业地为数据电文的发送地点，收件人的主营业地为数据电文的接收地点。没有主营业地的，其经常居住地为发送或者接收地点。

当事人对数据电文的发送地点、接收地点另有约定的，从其约定。

第三章　电子签名与认证

第十三条 电子签名同时符合下列条件的，视为可靠的电子签名：

（一）电子签名制作数据用于电子签名时，属于电子签名人专有；

（二）签署时电子签名制作数据仅由电子签名人控制；

（三）签署后对电子签名的任何改动能够被发现；

（四）签署后对数据电文内容和形式的任何改动能够被发现。

当事人也可以选择使用符合其约定的可靠条件的电子签名。

第十四条 可靠的电子签名与手写签名或者盖章具有同等的法律效力。

第十五条 电子签名人应当妥善保管电子签名制作数据。电子签名人知悉电子签名制作数据已经失密或者可能已经失密时，应当及时告知有关各方，并终止使用该电子签名制作数据。

第十六条 电子签名需要第三方认证的，由依法设立的电子认证服务提供者提供认证服务。

第十七条 提供电子认证服务，应当具备下列条件：

（一）取得企业法人资格；

（二）具有与提供电子认证服务相适应的专业技术人员和管理人员；

（三）具有与提供电子认证服务相适应的资金和经营场所；

（四）具有符合国家安全标准的技术和设备；

（五）具有国家密码管理机构同意使用密码的证明文件；

（六）法律、行政法规规定的其他条件。

第十八条 从事电子认证服务，应当向国务院信息产业主管部门提出申请，并提交符合本法第十七条规定条件的相关材料。国务院信息产业主管部门接到申请后经依法审查，征求国务院商务主管部门等有关部门的意见后，自接到申请之日起四十五日内作出许可或者不予许可的决定。予以许可的，颁发电子认证许可证书；不予许可的，应当书面通知申请人并告知理由。

取得认证资格的电子认证服务提供者，应当按照国务院信息产业主管部门的规定在互联网上公布其名称、许可证号等信息。

第十九条 电子认证服务提供者应当制定、公布符合国家有关规定的电子认证业务规则，并向国务院信息产业主管部门备案。

电子认证业务规则应当包括责任范围、作业操作规范、信息安全保障措施等事项。

第二十条 电子签名人向电子认证服务提供者申请电子签名认证证书，应当提供真实、完整和准确的信息。

电子认证服务提供者收到电子签名认证证书申请后，应当对申请人的身份进行查验，并对有关材料进行审查。

第二十一条 电子认证服务提供者签发的电子签名认证证书应当准确无误，并应当载明下列内容：

（一）电子认证服务提供者名称；

（二）证书持有人名称；

（三）证书序列号；

（四）证书有效期；

（五）证书持有人的电子签名验证数据；

（六）电子认证服务提供者的电子签名；

（七）国务院信息产业主管部门规定的其他内容。

第二十二条 电子认证服务提供者应当保证电子签名认证证书内容在有效期内完整、准确，并保证电子签名依赖方能够证实或者了解电子签名认证证书所载内容及其他有关事项。

第二十三条 电子认证服务提供者拟暂停或者终止电子认证服务的，应当在暂停或者终止服务九十日前，就业务承接及其他有关事项通知有关各方。

电子认证服务提供者拟暂停或者终止电子认证服务的，应当在暂停或者终止服务六十日前向国务院信息产业主管部门报告，并与其他电子认证服务提供者就业务承接进行协商，作出妥善安排。

电子认证服务提供者未能就业务承接事项与其他电子认证服务提供者达成协议的，应当申请国务院信息产业主管部门安排其他电子认证服务提供者承接其业务。

电子认证服务提供者被依法吊销电子认证许可证书的，其业务承接事项的处理按照国务院信息产业主管部门的规定执行。

第二十四条　电子认证服务提供者应当妥善保存与认证相关的信息，信息保存期限至少为电子签名认证证书失效后五年。

第二十五条　国务院信息产业主管部门依照本法制定电子认证服务业的具体管理办法，对电子认证服务提供者依法实施监督管理。

第二十六条　经国务院信息产业主管部门根据有关协议或者对等原则核准后，中华人民共和国境外的电子认证服务提供者在境外签发的电子签名认证证书与依照本法设立的电子认证服务提供者签发的电子签名认证证书具有同等的法律效力。

第四章　法律责任

第二十七条　电子签名人知悉电子签名制作数据已经失密或者可能已经失密未及时告知有关各方、并终止使用电子签名制作数据，未向电子认证服务提供者提供真实、完整和准确的信息，或者有其他过错，给电子签名依赖方、电子认证服务提供者造成损失的，承担赔偿责任。

第二十八条　电子签名人或者电子签名依赖方因依据电子认证服务提供者提供的电子签名认证服务从事民事活动遭受损失，电子认证服务提供者不能证明自己无过错的，承担赔偿责任。

第二十九条　未经许可提供电子认证服务的，由国务院信息产业主管部门责令停止违法行为；有违法所得的，没收违法所得；违法所得三十万元以上的，处违法所得一倍以上三倍以下的罚款；没有违法所得或者违法所得不足三十万元的，处十万元以上三十万元以下的罚款。

第三十条　电子认证服务提供者暂停或者终止电子认证服务，未在暂停或者终止服务六十日前向国务院信息产业主管部门报告的，由国务院信息产业主管部门对其直接负责的主管人员处一万元以上五万元以下的罚款。

第三十一条　电子认证服务提供者不遵守认证业务规则、未妥善保存与认证相关的信息，或者有其他违法行为的，由国务院信息产业主管部门责令限期改正；逾期未改正的，吊销电子认证许可证书，其直接负责的主管人员和其他直接责任人员十年内不得从事电子认证服务。吊销电子认证许可证书的，应当予以公告并通知工商行政管理部门。

第三十二条　伪造、冒用、盗用他人的电子签名，构成犯罪的，依法追究刑事责任；给他人造成损失的，依法承担民事责任。

第三十三条　依照本法负责电子认证服务业监督管理工作的部门的工作人员，不依法履行行政许可、监督管理职责的，依法给予行政处分；构成犯罪的，依法追究刑事责任。

第五章　附　则

第三十四条　本法中下列用语的含义：

（一）电子签名人，是指持有电子签名制作数据并以本人身份或者以其所代表的人的名义实施电子签名的人；

（二）电子签名依赖方，是指基于对电子签名认证证书或者电子签名的信赖从事有关活动的人；

（三）电子签名认证证书，是指可证实电子签名人与电子签名制作数据有联系的数据电文或者其他电子记录；

（四）电子签名制作数据，是指在电子签名过程中使用的，将电子签名与电子签名人可靠地联系起来的字符、编码等数据；

（五）电子签名验证数据，是指用于验证电子签名的数据，包括代码、口令、算法或者公钥等。

第三十五条　国务院或者国务院规定的部门可以依据本法制定政务活动和其他社会活动中使用电子签名、数据电文的具体办法。

第三十六条　本法自2005年4月1日起施行。

关于跨境电子商务零售进口税收政策的通知

财关税〔2016〕18号

各省、自治区、直辖市、计划单列市财政厅（局）、国家税务局，新疆生产建设兵团财务局，海关总署广东分署、各直属海关：

为营造公平竞争的市场环境，促进跨境电子商务零售进口健康发展，经国务院批准，现将跨境电子商务零售（企业对消费者，即B2C）进口税收政策有关事项通知如下：

一、跨境电子商务零售进口商品按照货物征收关税和进口环节增值税、消费税，购买跨境电子商务零售进口商品的个人作为纳税义务人，实际交易价格（包括货物零售价格、运费和保险费）作为完税价格，电子商务企业、电子商务交易平台企业或物流企业可作为代收代缴义务人。

二、跨境电子商务零售进口税收政策适用于从其他国家或地区进口的、《跨境电子商务零售进口商品清单》范围内的以下商品：

（一）所有通过与海关联网的电子商务交易平台交易，能够实现交易、支付、物流电子信息"三单"比对的跨境电子商务零售进口商品；

（二）未通过与海关联网的电子商务交易平台交易，但快递、邮政企业能够统一提供交易、支付、物流等电子信息，并承诺承担相应法律责任进境的跨境电子商务零售进口商品。

不属于跨境电子商务零售进口的个人物品以及无法提供交易、支付、物流等电子信息的跨境电子商务零售进口商品，按现行规定执行。

三、跨境电子商务零售进口商品的单次交易限值为人民币2000元，个人年度交易限值为人民币20000元。在限值以内进口的跨境电子商务零售进口商品，关税税率暂设为0%；进口环节增值税、消费税取消免征税额，暂按法定应纳税额的70%征收。超过单次限值、累加后超过个人年度限值的单次交易，以及完税价格超过2000元限值的单个不可分割商品，均按照一般贸易方式全额征税。

四、跨境电子商务零售进口商品自海关放行之日起30日内退货的，可申请退税，并相应调整个人年度交易总额。

五、跨境电子商务零售进口商品购买人（订购人）的身份信息应进行认证；未进行认证的，购买人（订购人）身份信息应与付款人一致。

六、《跨境电子商务零售进口商品清单》将由财政部商有关部门另行公布。

七、本通知自2016年4月8日起执行。

特此通知。

财政部　海关总署　国家税务总局

2016年3月24日

电信和互联网用户个人信息保护规定

第24号

部长　苗圩

2013年7月16日

第一章　总　则

第一条　为了保护电信和互联网用户的合法权益，维护网络信息安全，根据《全国人民代表大会常务委员会关于加强网络信息保护的决定》《中华人民共和国电信条例》和《互联网信息服务管理办法》等法律、行政法规，制定本规定。

第二条　在中华人民共和国境内提供电信服务和互联网信息服务过程中收集、使用用户个人信息的活动，适用本规定。

第三条　工业和信息化部和各省、自治区、直辖市通信管理局（以下统称电信管理机构）依法对电信和互联网用户个人信息保护工作实施监督管理。

第四条　本规定所称用户个人信息，是指电信业务经营者和互联网信息服务提供者在提供服务的过程中收集的用户姓名、出生日期、身份证件号码、住址、电话号码、账号和密码等能够单独或者与其他信息结合识别用户的信息以及用户使用服务的时间、地点等信息。

第五条　电信业务经营者、互联网信息服务提供者在提供服务的过程中收集、使用用户个人信息，应当遵循合法、正当、必要的原则。

第六条　电信业务经营者、互联网信息服务提供者对其在提供服务过程中收集、使用的用户个人信息的安全负责。

第七条　国家鼓励电信和互联网行业开展用户个人信息保护自律工作。

第二章 信息收集和使用规范

第八条 电信业务经营者、互联网信息服务提供者应当制定用户个人信息收集、使用规则，并在其经营或者服务场所、网站等予以公布。

第九条 未经用户同意，电信业务经营者、互联网信息服务提供者不得收集、使用用户个人信息。

电信业务经营者、互联网信息服务提供者收集、使用用户个人信息的，应当明确告知用户收集、使用信息的目的、方式和范围，查询、更正信息的渠道以及拒绝提供信息的后果等事项。

电信业务经营者、互联网信息服务提供者不得收集其提供服务所必需以外的用户个人信息或者将信息用于提供服务之外的目的，不得以欺骗、误导或者强迫等方式或者违反法律、行政法规以及双方的约定收集、使用信息。

电信业务经营者、互联网信息服务提供者在用户终止使用电信服务或者互联网信息服务后，应当停止对用户个人信息的收集和使用，并为用户提供注销号码或者账号的服务。

法律、行政法规对本条第一款至第四款规定的情形另有规定的，从其规定。

第十条 电信业务经营者、互联网信息服务提供者及其工作人员对在提供服务过程中收集、使用的用户个人信息应当严格保密，不得泄露、篡改或者毁损，不得出售或者非法向他人提供。

第十一条 电信业务经营者、互联网信息服务提供者委托他人代理市场销售和技术服务等直接面向用户的服务性工作，涉及收集、使用用户个人信息的，应当对代理人的用户个人信息保护工作进行监督和管理，不得委托不符合本规定有关用户个人信息保护要求的代理人代办相关服务。

第十二条 电信业务经营者、互联网信息服务提供者应当建立用户投诉处理机制，公布有效的联系方式，接受与用户个人信息保护有关的投诉，并自接到投诉之日起十五日内答复投诉人。

第三章　安全保障措施

第十三条　电信业务经营者、互联网信息服务提供者应当采取以下措施防止用户个人信息泄露、毁损、篡改或者丢失：

（一）确定各部门、岗位和分支机构的用户个人信息安全管理责任；

（二）建立用户个人信息收集、使用及其相关活动的工作流程和安全管理制度；

（三）对工作人员及代理人实行权限管理，对批量导出、复制、销毁信息实行审查，并采取防泄密措施；

（四）妥善保管记录用户个人信息的纸介质、光介质、电磁介质等载体，并采取相应的安全储存措施；

（五）对储存用户个人信息的信息系统实行接入审查，并采取防入侵、防病毒等措施；

（六）记录对用户个人信息进行操作的人员、时间、地点、事项等信息；

（七）按照电信管理机构的规定开展通信网络安全防护工作；

（八）电信管理机构规定的其他必要措施。

第十四条　电信业务经营者、互联网信息服务提供者保管的用户个人信息发生或者可能发生泄露、毁损、丢失的，应当立即采取补救措施；造成或者可能造成严重后果的，应当立即向准予其许可或者备案的电信管理机构报告，配合相关部门进行的调查处理。

电信管理机构应当对报告或者发现的可能违反本规定的行为的影响进行评估；影响特别重大的，相关省、自治区、直辖市通信管理局应当向工业和信息化部报告。电信管理机构在依据本规定作出处理决定前，可以要求电信业务经营者和互联网信息服务提供者暂停有关行为，电信业务经营者和互联网信息服务提供者应当执行。

第十五条 电信业务经营者、互联网信息服务提供者应当对其工作人员进行用户个人信息保护相关知识、技能和安全责任培训。

第十六条 电信业务经营者、互联网信息服务提供者应当对用户个人信息保护情况每年至少进行一次自查，记录自查情况，及时消除自查中发现的安全隐患。

第四章　监督检查

第十七条 电信管理机构应当对电信业务经营者、互联网信息服务提供者保护用户个人信息的情况实施监督检查。

电信管理机构实施监督检查时，可以要求电信业务经营者、互联网信息服务提供者提供相关材料，进入其生产经营场所调查情况，电信业务经营者、互联网信息服务提供者应当予以配合。

电信管理机构实施监督检查，应当记录监督检查的情况，不得妨碍电信业务经营者、互联网信息服务提供者正常的经营或者服务活动，不得收取任何费用。

第十八条 电信管理机构及其工作人员对在履行职责中知悉的用户个人信息应当予以保密，不得泄露、篡改或者毁损，不得出售或者非法向他人提供。

第十九条 电信管理机构实施电信业务经营许可及经营许可证年检时，应当对用户个人信息保护情况进行审查。

第二十条 电信管理机构应当将电信业务经营者、互联网信息服务提供者违反本规定的行为记入其社会信用档案并予以公布。

第二十一条 鼓励电信和互联网行业协会依法制定有关用户个人信息保护的自律性管理制度，引导会员加强自律管理，提高用户个人信息保护水平。

第五章　法律责任

第二十二条　电信业务经营者、互联网信息服务提供者违反本规定第八条、第十二条规定的，由电信管理机构依据职权责令限期改正，予以警告，可以并处一万元以下的罚款。

第二十三条　电信业务经营者、互联网信息服务提供者违反本规定第九条至第十一条、第十三条至第十六条、第十七条第二款规定的，由电信管理机构依据职权责令限期改正，予以警告，可以并处一万元以上三万元以下的罚款，向社会公告；构成犯罪的，依法追究刑事责任。

第二十四条　电信管理机构工作人员在对用户个人信息保护工作实施监督管理的过程中玩忽职守、滥用职权、徇私舞弊的，依法给予处理；构成犯罪的，依法追究刑事责任。

第六章　附　　则

第二十五条　本规定自2013年9月1日起施行。

《电信和互联网用户个人信息保护规定》已经2013年6月28日中华人民共和国工业和信息化部第2次部务会议审议通过，现予公布，自2013年9月1日起施行。

中华人民共和国电子商务法

(2018年8月31日第十三届全国人民代表大会常务委员会第五次会议通过)

第一章 总 则

第一条 为了保障电子商务各方主体的合法权益，规范电子商务行为，维护市场秩序，促进电子商务持续健康发展，制定本法。

第二条 中华人民共和国境内的电子商务活动，适用本法。

本法所称电子商务，是指通过互联网等信息网络销售商品或者提供服务的经营活动。

法律、行政法规对销售商品或者提供服务有规定的，适用其规定。金融类产品和服务，利用信息网络提供新闻信息、音视频节目、出版以及文化产品等内容方面的服务，不适用本法。

第三条 国家鼓励发展电子商务新业态，创新商业模式，促进电子商务技术研发和推广应用，推进电子商务诚信体系建设，营造有利于电子商务创新发展的市场环境，充分发挥电子商务在推动高质量发展、满足人民日益增长的美好生活需要、构建开放型经济方面的重要作用。

第四条 国家平等对待线上线下商务活动，促进线上线下融合发展，各级人民政府和有关部门不得采取歧视性的政策措施，不得滥用行政权力排除、限制市场竞争。

第五条 电子商务经营者从事经营活动，应当遵循自愿、平等、公平、诚信的原则，遵守法律和商业道德，公平参与市场竞争，履行消费者权益保护、环境保护、知识产权保护、网络安全与个人信息保护等方面的义务，承担产品和服务质量责任，接受政府和社会的监督。

第六条 国务院有关部门按照职责分工负责电子商务发展促进、监督管理等工作。县级以上地方各级人民政府可以根据本行政区域的实际情况，确定本行政区域内电子商务的部门职责划分。

第七条　国家建立符合电子商务特点的协同管理体系，推动形成有关部门、电子商务行业组织、电子商务经营者、消费者等共同参与的电子商务市场治理体系。

第八条　电子商务行业组织按照本组织章程开展行业自律，建立健全行业规范，推动行业诚信建设，监督、引导本行业经营者公平参与市场竞争。

第二章　电子商务经营者

第一节　一般规定

第九条　本法所称电子商务经营者，是指通过互联网等信息网络从事销售商品或者提供服务的经营活动的自然人、法人和非法人组织，包括电子商务平台经营者、平台内经营者以及通过自建网站、其他网络服务销售商品或者提供服务的电子商务经营者。

本法所称电子商务平台经营者，是指在电子商务中为交易双方或者多方提供网络经营场所、交易撮合、信息发布等服务，供交易双方或者多方独立开展交易活动的法人或者非法人组织。

本法所称平台内经营者，是指通过电子商务平台销售商品或者提供服务的电子商务经营者。

第十条　电子商务经营者应当依法办理市场主体登记。但是，个人销售自产农副产品、家庭手工业产品，个人利用自己的技能从事依法无须取得许可的便民劳务活动和零星小额交易活动，以及依照法律、行政法规不需要进行登记的除外。

第十一条　电子商务经营者应当依法履行纳税义务，并依法享受税收优惠。

依照前条规定不需要办理市场主体登记的电子商务经营者在首次纳税义务发生后，应当依照税收征收管理法律、行政法规的规定申请办理税务登记，并如实申报纳税。

第十二条　电子商务经营者从事经营活动，依法需要取得相关行政许可的，应当依法取得行政许可。

第十三条　电子商务经营者销售的商品或者提供的服务应当符合保障人身、财产安全的要求和环境保护要求，不得销售或者提供法律、行政法规禁止交易的商品或者服务。

第十四条　电子商务经营者销售商品或者提供服务应当依法出具纸质发票或者电子发票等购货凭证或者服务单据。电子发票与纸质发票具有同等法律效力。

第十五条　电子商务经营者应当在其首页显著位置，持续公示营业执照信息、与其经营业务有关的行政许可信息、属于依照本法第十条规定的不需要办理市场主体登记情形等信息，或者上述信息的链接标识。

前款规定的信息发生变更的，电子商务经营者应当及时更新公示信息。

第十六条　电子商务经营者自行终止从事电子商务的，应当提前三十日在首页显著位置持续公示有关信息。

第十七条　电子商务经营者应当全面、真实、准确、及时地披露商品或者服务信息，保障消费者的知情权和选择权。电子商务经营者不得以虚构交易、编造用户评价等方式进行虚假或者引人误解的商业宣传，欺骗、误导消费者。

第十八条　电子商务经营者根据消费者的兴趣爱好、消费习惯等特征向其提供商品或者服务的搜索结果的，应当同时向该消费者提供不针对其个人特征的选项，尊重和平等保护消费者合法权益。

电子商务经营者向消费者发送广告的，应当遵守《中华人民共和国广告法》的有关规定。

第十九条　电子商务经营者搭售商品或者服务，应当以显著方式提请消费者注意，不得将搭售商品或者服务作为默认同意的选项。

第二十条　电子商务经营者应当按照承诺或者与消费者约定的方式、

时限向消费者交付商品或者服务，并承担商品运输中的风险和责任。但是，消费者另行选择快递物流服务提供者的除外。

第二十一条 电子商务经营者按照约定向消费者收取押金的，应当明示押金退还的方式、程序，不得对押金退还设置不合理条件。消费者申请退还押金，符合押金退还条件的，电子商务经营者应当及时退还。

第二十二条 电子商务经营者因其技术优势、用户数量、对相关行业的控制能力以及其他经营者对该电子商务经营者在交易上的依赖程度等因素而具有市场支配地位的，不得滥用市场支配地位，排除、限制竞争。

第二十三条 电子商务经营者收集、使用其用户的个人信息，应当遵守法律、行政法规有关个人信息保护的规定。

第二十四条 电子商务经营者应当明示用户信息查询、更正、删除以及用户注销的方式、程序，不得对用户信息查询、更正、删除以及用户注销设置不合理条件。

电子商务经营者收到用户信息查询或者更正、删除的申请的，应当在核实身份后及时提供查询或者更正、删除用户信息。用户注销的，电子商务经营者应当立即删除该用户的信息；依照法律、行政法规的规定或者双方约定保存的，依照其规定。

第二十五条 有关主管部门依照法律、行政法规的规定要求电子商务经营者提供有关电子商务数据信息的，电子商务经营者应当提供。有关主管部门应当采取必要措施保护电子商务经营者提供的数据信息的安全，并对其中的个人信息、隐私和商业秘密严格保密，不得泄露、出售或者非法向他人提供。

第二十六条 电子商务经营者从事跨境电子商务，应当遵守进出口监督管理的法律、行政法规和国家有关规定。

第二节 电子商务平台经营者

第二十七条 电子商务平台经营者应当要求申请进入平台销售商品

或者提供服务的经营者提交其身份、地址、联系方式、行政许可等真实信息，进行核验、登记，建立登记档案，并定期核验更新。

电子商务平台经营者为进入平台销售商品或者提供服务的非经营用户提供服务，应当遵守本节有关规定。

第二十八条 电子商务平台经营者应当按照规定向市场监督管理部门报送平台内经营者的身份信息，提示未办理市场主体登记的经营者依法办理登记，并配合市场监督管理部门，针对电子商务的特点，为应当办理市场主体登记的经营者办理登记提供便利。

电子商务平台经营者应当依照税收征收管理法律、行政法规的规定，向税务部门报送平台内经营者的身份信息和与纳税有关的信息，并应当提示依照本法第十条规定不需要办理市场主体登记的电子商务经营者依照本法第十一条第二款的规定办理税务登记。

第二十九条 电子商务平台经营者发现平台内的商品或者服务信息存在违反本法第十二条、第十三条规定情形的，应当依法采取必要的处置措施，并向有关主管部门报告。

第三十条 电子商务平台经营者应当采取技术措施和其他必要措施保证其网络安全、稳定运行，防范网络违法犯罪活动，有效应对网络安全事件，保障电子商务交易安全。

电子商务平台经营者应当制定网络安全事件应急预案，发生网络安全事件时，应当立即启动应急预案，采取相应的补救措施，并向有关主管部门报告。

第三十一条 电子商务平台经营者应当记录、保存平台上发布的商品和服务信息、交易信息，并确保信息的完整性、保密性、可用性。商品和服务信息、交易信息保存时间自交易完成之日起不少于三年；法律、行政法规另有规定的，依照其规定。

第三十二条 电子商务平台经营者应当遵循公开、公平、公正的原则，制定平台服务协议和交易规则，明确进入和退出平台、商品和服务质量保障、消费者权益保护、个人信息保护等方面的权利和义务。

第三十三条　电子商务平台经营者应当在其首页显著位置持续公示平台服务协议和交易规则信息或者上述信息的链接标识，并保证经营者和消费者能够便利、完整地阅览和下载。

第三十四条　电子商务平台经营者修改平台服务协议和交易规则，应当在其首页显著位置公开征求意见，采取合理措施确保有关各方能够及时充分表达意见。修改内容应当至少在实施前七日予以公示。

平台内经营者不接受修改内容，要求退出平台的，电子商务平台经营者不得阻止，并按照修改前的服务协议和交易规则承担相关责任。

第三十五条　电子商务平台经营者不得利用服务协议、交易规则以及技术等手段，对平台内经营者在平台内的交易、交易价格以及与其他经营者的交易等进行不合理限制或者附加不合理条件，或者向平台内经营者收取不合理费用。

第三十六条　电子商务平台经营者依据平台服务协议和交易规则对平台内经营者违反法律、法规的行为实施警示、暂停或者终止服务等措施的，应当及时公示。

第三十七条　电子商务平台经营者在其平台上开展自营业务的，应当以显著方式区分标记自营业务和平台内经营者开展的业务，不得误导消费者。

电子商务平台经营者对其标记为自营的业务依法承担商品销售者或者服务提供者的民事责任。

第三十八条　电子商务平台经营者知道或者应当知道平台内经营者销售的商品或者提供的服务不符合保障人身、财产安全的要求，或者有其他侵害消费者合法权益行为，未采取必要措施的，依法与该平台内经营者承担连带责任。

对关系消费者生命健康的商品或者服务，电子商务平台经营者对平台内经营者的资质资格未尽到审核义务，或者对消费者未尽到安全保障义务，造成消费者损害的，依法承担相应的责任。

第三十九条　电子商务平台经营者应当建立健全信用评价制度，公示信用评价规则，为消费者提供对平台内销售的商品或者提供的服务进行评价的途径。

电子商务平台经营者不得删除消费者对其平台内销售的商品或者提供的服务的评价。

第四十条　电子商务平台经营者应当根据商品或者服务的价格、销量、信用等以多种方式向消费者显示商品或者服务的搜索结果；对于竞价排名的商品或者服务，应当显著标明"广告"。

第四十一条　电子商务平台经营者应当建立知识产权保护规则，与知识产权权利人加强合作，依法保护知识产权。

第四十二条　知识产权权利人认为其知识产权受到侵害的，有权通知电子商务平台经营者采取删除、屏蔽、断开链接、终止交易和服务等必要措施。通知应当包括构成侵权的初步证据。

电子商务平台经营者接到通知后，应当及时采取必要措施，并将该通知转送平台内经营者；未及时采取必要措施的，对损害的扩大部分与平台内经营者承担连带责任。

因通知错误造成平台内经营者损害的，依法承担民事责任。恶意发出错误通知，造成平台内经营者损失的，加倍承担赔偿责任。

第四十三条　平台内经营者接到转送的通知后，可以向电子商务平台经营者提交不存在侵权行为的声明。声明应当包括不存在侵权行为的初步证据。

电子商务平台经营者接到声明后，应当将该声明转送发出通知的知识产权权利人，并告知其可以向有关主管部门投诉或者向人民法院起诉。电子商务平台经营者在转送声明到达知识产权权利人后十五日内，未收到权利人已经投诉或者起诉通知的，应当及时终止所采取的措施。

第四十四条　电子商务平台经营者应当及时公示收到的本法第

四十二条、第四十三条规定的通知、声明及处理结果。

第四十五条　电子商务平台经营者知道或者应当知道平台内经营者侵犯知识产权的，应当采取删除、屏蔽、断开链接、终止交易和服务等必要措施；未采取必要措施的，与侵权人承担连带责任。

第四十六条　除本法第九条第二款规定的服务外，电子商务平台经营者可以按照平台服务协议和交易规则，为经营者之间的电子商务提供仓储、物流、支付结算、交收等服务。电子商务平台经营者为经营者之间的电子商务提供服务，应当遵守法律、行政法规和国家有关规定，不得采取集中竞价、做市商等集中交易方式进行交易，不得进行标准化合约交易。

第三章　电子商务合同的订立与履行

第四十七条　电子商务当事人订立和履行合同，适用本章和《中华人民共和国民法总则》《中华人民共和国合同法》《中华人民共和国电子签名法》等法律的规定。

第四十八条　电子商务当事人使用自动信息系统订立或者履行合同的行为对使用该系统的当事人具有法律效力。

在电子商务中推定当事人具有相应的民事行为能力。但是，有相反证据足以推翻的除外。

第四十九条　电子商务经营者发布的商品或者服务信息符合要约条件的，用户选择该商品或者服务并提交订单成功，合同成立。当事人另有约定的，从其约定。

电子商务经营者不得以格式条款等方式约定消费者支付价款后合同不成立；格式条款等含有该内容的，其内容无效。

第五十条　电子商务经营者应当清晰、全面、明确地告知用户订立合同的步骤、注意事项、下载方法等事项，并保证用户能够便利、完整地阅览和下载。

电子商务经营者应当保证用户在提交订单前可以更正输入错误。

第五十一条 合同标的为交付商品并采用快递物流方式交付的，收货人签收时间为交付时间。合同标的为提供服务的，生成的电子凭证或者实物凭证中载明的时间为交付时间；前述凭证没有载明时间或者载明时间与实际提供服务时间不一致的，实际提供服务的时间为交付时间。

合同标的为采用在线传输方式交付的，合同标的进入对方当事人指定的特定系统并且能够检索识别的时间为交付时间。

合同当事人对交付方式、交付时间另有约定的，从其约定。

第五十二条 电子商务当事人可以约定采用快递物流方式交付商品。

快递物流服务提供者为电子商务提供快递物流服务，应当遵守法律、行政法规，并应当符合承诺的服务规范和时限。快递物流服务提供者在交付商品时，应当提示收货人当面查验；交由他人代收的，应当经收货人同意。

快递物流服务提供者应当按照规定使用环保包装材料，实现包装材料的减量化和再利用。

快递物流服务提供者在提供快递物流服务的同时，可以接受电子商务经营者的委托提供代收货款服务。

第五十三条 电子商务当事人可以约定采用电子支付方式支付价款。

电子支付服务提供者为电子商务提供电子支付服务，应当遵守国家规定，告知用户电子支付服务的功能、使用方法、注意事项、相关风险和收费标准等事项，不得附加不合理交易条件。电子支付服务提供者应当确保电子支付指令的完整性、一致性、可跟踪稽核和不可篡改。

电子支付服务提供者应当向用户免费提供对账服务以及最近三年的交易记录。

第五十四条 电子支付服务提供者提供电子支付服务不符合国家有关支付安全管理要求，造成用户损失的，应当承担赔偿责任。

第五十五条　用户在发出支付指令前，应当核对支付指令所包含的金额、收款人等完整信息。

支付指令发生错误的，电子支付服务提供者应当及时查找原因，并采取相关措施予以纠正。造成用户损失的，电子支付服务提供者应当承担赔偿责任，但能够证明支付错误非自身原因造成的除外。

第五十六条　电子支付服务提供者完成电子支付后，应当及时准确地向用户提供符合约定方式的确认支付的信息。

第五十七条　用户应当妥善保管交易密码、电子签名数据等安全工具。用户发现安全工具遗失、被盗用或者未经授权的支付的，应当及时通知电子支付服务提供者。

未经授权的支付造成的损失，由电子支付服务提供者承担；电子支付服务提供者能够证明未经授权的支付是因用户的过错造成的，不承担责任。

电子支付服务提供者发现支付指令未经授权，或者收到用户支付指令未经授权的通知时，应当立即采取措施防止损失扩大。电子支付服务提供者未及时采取措施导致损失扩大的，对损失扩大部分承担责任。

第四章　电子商务争议解决

第五十八条　国家鼓励电子商务平台经营者建立有利于电子商务发展和消费者权益保护的商品、服务质量担保机制。

电子商务平台经营者与平台内经营者协议设立消费者权益保证金的，双方应当就消费者权益保证金的提取数额、管理、使用和退还办法等作出明确约定。

消费者要求电子商务平台经营者承担先行赔偿责任以及电子商务平台经营者赔偿后向平台内经营者的追偿，适用《中华人民共和国消费者权益保护法》的有关规定。

第五十九条　电子商务经营者应当建立便捷、有效的投诉、举报机制，公开投诉、举报方式等信息，及时受理并处理投诉、举报。

第六十条 电子商务争议可以通过协商和解，请求消费者组织、行业协会或者其他依法成立的调解组织调解，向有关部门投诉，提请仲裁，或者提起诉讼等方式解决。

第六十一条 消费者在电子商务平台购买商品或者接受服务，与平台内经营者发生争议时，电子商务平台经营者应当积极协助消费者维护合法权益。

第六十二条 在电子商务争议处理中，电子商务经营者应当提供原始合同和交易记录。因电子商务经营者丢失、伪造、篡改、销毁、隐匿或者拒绝提供前述资料，致使人民法院、仲裁机构或者有关机关无法查明事实的，电子商务经营者应当承担相应的法律责任。

第六十三条 电子商务平台经营者可以建立争议在线解决机制，制定并公示争议解决规则，根据自愿原则，公平、公正地解决当事人的争议。

第五章 电子商务促进

第六十四条 国务院和省、自治区、直辖市人民政府应当将电子商务发展纳入国民经济和社会发展规划，制定科学合理的产业政策，促进电子商务创新发展。

第六十五条 国务院和县级以上地方人民政府及其有关部门应当采取措施，支持、推动绿色包装、仓储、运输，促进电子商务绿色发展。

第六十六条 国家推动电子商务基础设施和物流网络建设，完善电子商务统计制度，加强电子商务标准体系建设。

第六十七条 国家推动电子商务在国民经济各个领域的应用，支持电子商务与各产业融合发展。

第六十八条 国家促进农业生产、加工、流通等环节的互联网技术应用，鼓励各类社会资源加强合作，促进农村电子商务发展，发挥电子商务在精准扶贫中的作用。

第六十九条　国家维护电子商务交易安全，保护电子商务用户信息，鼓励电子商务数据开发应用，保障电子商务数据依法有序自由流动。

国家采取措施推动建立公共数据共享机制，促进电子商务经营者依法利用公共数据。

第七十条　国家支持依法设立的信用评价机构开展电子商务信用评价，向社会提供电子商务信用评价服务。

第七十一条　国家促进跨境电子商务发展，建立健全适应跨境电子商务特点的海关、税收、进出境检验检疫、支付结算等管理制度，提高跨境电子商务各环节便利化水平，支持跨境电子商务平台经营者等为跨境电子商务提供仓储物流、报关、报检等服务。

国家支持小型微型企业从事跨境电子商务。

第七十二条　国家进出口管理部门应当推进跨境电子商务海关申报、纳税、检验检疫等环节的综合服务和监管体系建设，优化监管流程，推动实现信息共享、监管互认、执法互助，提高跨境电子商务服务和监管效率。跨境电子商务经营者可以凭电子单证向国家进出口管理部门办理有关手续。

第七十三条　国家推动建立与不同国家、地区之间跨境电子商务的交流合作，参与电子商务国际规则的制定，促进电子签名、电子身份等国际互认。

国家推动建立与不同国家、地区之间的跨境电子商务争议解决机制。

第六章　法律责任

第七十四条　电子商务经营者销售商品或者提供服务，不履行合同义务或者履行合同义务不符合约定，或者造成他人损害的，依法承担民事责任。

第七十五条　电子商务经营者违反本法第十二条、第十三条规定，未取得相关行政许可从事经营活动，或者销售、提供法律、行政法规禁止交易的商品、服务，或者不履行本法第二十五条规定的信息提供义务，电子商务平台经营者违反本法第四十六条规定，采取集中交易方式进行交易，或者进行标准化合约交易的，依照有关法律、行政法规的规定处罚。

第七十六条　电子商务经营者违反本法规定，有下列行为之一的，由市场监督管理部门责令限期改正，可以处一万元以下的罚款，对其中的电子商务平台经营者，依照本法第八十一条第一款的规定处罚：

（一）未在首页显著位置公示营业执照信息、行政许可信息、属于不需要办理市场主体登记情形等信息，或者上述信息的链接标识的；

（二）未在首页显著位置持续公示终止电子商务的有关信息的；

（三）未明示用户信息查询、更正、删除以及用户注销的方式、程序，或者对用户信息查询、更正、删除以及用户注销设置不合理条件的。

电子商务平台经营者对违反前款规定的平台内经营者未采取必要措施的，由市场监督管理部门责令限期改正，可以处二万元以上十万元以下的罚款。

第七十七条　电子商务经营者违反本法第十八条第一款规定提供搜索结果，或者违反本法第十九条规定搭售商品、服务的，由市场监督管理部门责令限期改正，没收违法所得，可以并处五万元以上二十万元以下的罚款；情节严重的，并处二十万元以上五十万元以下的罚款。

第七十八条　电子商务经营者违反本法第二十一条规定，未向消费者明示押金退还的方式、程序，对押金退还设置不合理条件，或者不及时退还押金的，由有关主管部门责令限期改正，可以处五万元以上二十万元以下的罚款；情节严重的，处二十万元以上五十万元以下的罚款。

第七十九条　电子商务经营者违反法律、行政法规有关个人信息保护的规定，或者不履行本法第三十条和有关法律、行政法规规定的网络安全保障义务的，依照《中华人民共和国网络安全法》等法律、行政法规的规定处罚。

第八十条　电子商务平台经营者有下列行为之一的，由有关主管部门责令限期改正；逾期不改正的，处二万元以上十万元以下的罚款；情节严重的，责令停业整顿，并处十万元以上五十万元以下的罚款：

（一）不履行本法第二十七条规定的核验、登记义务的；

（二）不按照本法第二十八条规定向市场监督管理部门、税务部门报送有关信息的；

（三）不按照本法第二十九条规定对违法情形采取必要的处置措施，或者未向有关主管部门报告的；

（四）不履行本法第三十一条规定的商品和服务信息、交易信息保存义务的。

法律、行政法规对前款规定的违法行为的处罚另有规定的，依照其规定。

第八十一条　电子商务平台经营者违反本法规定，有下列行为之一的，由市场监督管理部门责令限期改正，可以处二万元以上十万元以下的罚款；情节严重的，处十万元以上五十万元以下的罚款：

（一）未在首页显著位置持续公示平台服务协议、交易规则信息或者上述信息的链接标识的；

（二）修改交易规则未在首页显著位置公开征求意见，未按照规定的时间提前公示修改内容，或者阻止平台内经营者退出的；

（三）未以显著方式区分标记自营业务和平台内经营者开展的业务的；

（四）未为消费者提供对平台内销售的商品或者提供的服务进行评价的途径，或者擅自删除消费者的评价的。

电子商务平台经营者违反本法第四十条规定，对竞价排名的商品或者服务未显著标明"广告"的，依照《中华人民共和国广告法》的规定处罚。

第八十二条 电子商务平台经营者违反本法第三十五条规定,对平台内经营者在平台内的交易、交易价格或者与其他经营者的交易等进行不合理限制或者附加不合理条件,或者向平台内经营者收取不合理费用的,由市场监督管理部门责令限期改正,可以处五万元以上五十万元以下的罚款;情节严重的,处五十万元以上二百万元以下的罚款。

第八十三条 电子商务平台经营者违反本法第三十八条规定,对平台内经营者侵害消费者合法权益行为未采取必要措施,或者对平台内经营者未尽到资质资格审核义务,或者对消费者未尽到安全保障义务的,由市场监督管理部门责令限期改正,可以处五万元以上五十万元以下的罚款;情节严重的,责令停业整顿,并处五十万元以上二百万元以下的罚款。

第八十四条 电子商务平台经营者违反本法第四十二条、第四十五条规定,对平台内经营者实施侵犯知识产权行为未依法采取必要措施的,由有关知识产权行政部门责令限期改正;逾期不改正的,处五万元以上五十万元以下的罚款;情节严重的,处五十万元以上二百万元以下的罚款。

第八十五条 电子商务经营者违反本法规定,销售的商品或者提供的服务不符合保障人身、财产安全的要求,实施虚假或者引人误解的商业宣传等不正当竞争行为,滥用市场支配地位,或者实施侵犯知识产权、侵害消费者权益等行为的,依照有关法律的规定处罚。

第八十六条 电子商务经营者有本法规定的违法行为的,依照有关法律、行政法规的规定记入信用档案,并予以公示。

第八十七条 依法负有电子商务监督管理职责的部门的工作人员,玩忽职守、滥用职权、徇私舞弊,或者泄露、出售或者非法向他人提供在履行职责中所知悉的个人信息、隐私和商业秘密的,依法追究法律责任。

第八十八条　违反本法规定，构成违反治安管理行为的，依法给予治安管理处罚；构成犯罪的，依法追究刑事责任。

第七章　附　则

第八十九条　本法自2019年1月1日起施行。

中华人民共和国数据安全法

（2021年6月10日第十三届全国人民代表大会常务委员会第二十九次会议通过）

目 录

第一章 总 则

第二章 数据安全与发展

第三章 数据安全制度

第四章 数据安全保护义务

第五章 政务数据安全与开放

第六章 法律责任

第七章 附 则

第一章 总 则

第一条 为了规范数据处理活动，保障数据安全，促进数据开发利用，保护个人、组织的合法权益，维护国家主权、安全和发展利益，制定本法。

第二条 在中华人民共和国境内开展数据处理活动及其安全监管，适用本法。

在中华人民共和国境外开展数据处理活动，损害中华人民共和国国家安全、公共利益或者公民、组织合法权益的，依法追究法律责任。

第三条 本法所称数据，是指任何以电子或者其他方式对信息的记录。

数据处理，包括数据的收集、存储、使用、加工、传输、提供、公开等。

数据安全，是指通过采取必要措施，确保数据处于有效保护和合法利用的状态，以及具备保障持续安全状态的能力。

第四条　维护数据安全，应当坚持总体国家安全观，建立健全数据安全治理体系，提高数据安全保障能力。

第五条　中央国家安全领导机构负责国家数据安全工作的决策和议事协调，研究制定、指导实施国家数据安全战略和有关重大方针政策，统筹协调国家数据安全的重大事项和重要工作，建立国家数据安全工作协调机制。

第六条　各地区、各部门对本地区、本部门工作中收集和产生的数据及数据安全负责。

工业、电信、交通、金融、自然资源、卫生健康、教育、科技等主管部门承担本行业、本领域数据安全监管职责。

公安机关、国家安全机关等依照本法和有关法律、行政法规的规定，在各自职责范围内承担数据安全监管职责。

国家网信部门依照本法和有关法律、行政法规的规定，负责统筹协调网络数据安全和相关监管工作。

第七条　国家保护个人、组织与数据有关的权益，鼓励数据依法合理有效利用，保障数据依法有序自由流动，促进以数据为关键要素的数字经济发展。

第八条　开展数据处理活动，应当遵守法律、法规，尊重社会公德和伦理，遵守商业道德和职业道德，诚实守信，履行数据安全保护义务，承担社会责任，不得危害国家安全、公共利益，不得损害个人、组织的合法权益。

第九条　国家支持开展数据安全知识宣传普及，提高全社会的数据安全保护意识和水平，推动有关部门、行业组织、科研机构、企业、个人等共同参与数据安全保护工作，形成全社会共同维护数据安全和促进发展的良好环境。

第十条　相关行业组织按照章程，依法制定数据安全行为规范和团体标准，加强行业自律，指导会员加强数据安全保护，提高数据安全保护水平，促进行业健康发展。

第十一条　国家积极开展数据安全治理、数据开发利用等领域的国际交流与合作，参与数据安全相关国际规则和标准的制定，促进数据跨境安全、自由流动。

第十二条　任何个人、组织都有权对违反本法规定的行为向有关主管部门投诉、举报。收到投诉、举报的部门应当及时依法处理。

有关主管部门应当对投诉、举报人的相关信息予以保密，保护投诉、举报人的合法权益。

第二章　数据安全与发展

第十三条　国家统筹发展和安全，坚持以数据开发利用和产业发展促进数据安全，以数据安全保障数据开发利用和产业发展。

第十四条　国家实施大数据战略，推进数据基础设施建设，鼓励和支持数据在各行业、各领域的创新应用。

省级以上人民政府应当将数字经济发展纳入本级国民经济和社会发展规划，并根据需要制定数字经济发展规划。

第十五条　国家支持开发利用数据提升公共服务的智能化水平。提供智能化公共服务，应当充分考虑老年人、残疾人的需求，避免对老年人、残疾人的日常生活造成障碍。

第十六条　国家支持数据开发利用和数据安全技术研究，鼓励数据开发利用和数据安全等领域的技术推广和商业创新，培育、发展数据开发利用和数据安全产品、产业体系。

第十七条　国家推进数据开发利用技术和数据安全标准体系建设。国务院标准化行政主管部门和国务院有关部门根据各自的职责，组织制定并适时修订有关数据开发利用技术、产品和数据安全相关标准。国家支持企业、社会团体和教育、科研机构等参与标准制定。

第十八条 国家促进数据安全检测评估、认证等服务的发展，支持数据安全检测评估、认证等专业机构依法开展服务活动。

国家支持有关部门、行业组织、企业、教育和科研机构、有关专业机构等在数据安全风险评估、防范、处置等方面开展协作。

第十九条 国家建立健全数据交易管理制度，规范数据交易行为，培育数据交易市场。

第二十条 国家支持教育、科研机构和企业等开展数据开发利用技术和数据安全相关教育和培训，采取多种方式培养数据开发利用技术和数据安全专业人才，促进人才交流。

第三章 数据安全制度

第二十一条 国家建立数据分类分级保护制度，根据数据在经济社会发展中的重要程度，以及一旦遭到篡改、破坏、泄露或者非法获取、非法利用，对国家安全、公共利益或者个人、组织合法权益造成的危害程度，对数据实行分类分级保护。国家数据安全工作协调机制统筹协调有关部门制定重要数据目录，加强对重要数据的保护。

关系国家安全、国民经济命脉、重要民生、重大公共利益等数据属于国家核心数据，实行更加严格的管理制度。

各地区、各部门应当按照数据分类分级保护制度，确定本地区、本部门以及相关行业、领域的重要数据具体目录，对列入目录的数据进行重点保护。

第二十二条 国家建立集中统一、高效权威的数据安全风险评估、报告、信息共享、监测预警机制。国家数据安全工作协调机制统筹协调有关部门加强数据安全风险信息的获取、分析、研判、预警工作。

第二十三条 国家建立数据安全应急处置机制。发生数据安全事件，有关主管部门应当依法启动应急预案，采取相应的应急处置措施，防止危害扩大，消除安全隐患，并及时向社会发布与公众有关的警示信息。

第二十四条　国家建立数据安全审查制度，对影响或者可能影响国家安全的数据处理活动进行国家安全审查。

依法作出的安全审查决定为最终决定。

第二十五条　国家对与维护国家安全和利益、履行国际义务相关的属于管制物项的数据依法实施出口管制。

第二十六条　任何国家或者地区在与数据和数据开发利用技术等有关的投资、贸易等方面对中华人民共和国采取歧视性的禁止、限制或者其他类似措施的，中华人民共和国可以根据实际情况对该国家或者地区对等采取措施。

第四章　数据安全保护义务

第二十七条　开展数据处理活动应当依照法律、法规的规定，建立健全全流程数据安全管理制度，组织开展数据安全教育培训，采取相应的技术措施和其他必要措施，保障数据安全。利用互联网等信息网络开展数据处理活动，应当在网络安全等级保护制度的基础上，履行上述数据安全保护义务。

重要数据的处理者应当明确数据安全负责人和管理机构，落实数据安全保护责任。

第二十八条　开展数据处理活动以及研究开发数据新技术，应当有利于促进经济社会发展，增进人民福祉，符合社会公德和伦理。

第二十九条　开展数据处理活动应当加强风险监测，发现数据安全缺陷、漏洞等风险时，应当立即采取补救措施；发生数据安全事件时，应当立即采取处置措施，按照规定及时告知用户并向有关主管部门报告。

第三十条　重要数据的处理者应当按照规定对其数据处理活动定期开展风险评估，并向有关主管部门报送风险评估报告。

风险评估报告应当包括处理的重要数据的种类、数量，开展数据处理活动的情况，面临的数据安全风险及其应对措施等。

第三十一条　关键信息基础设施的运营者在中华人民共和国境内运营中收集和产生的重要数据的出境安全管理，适用《中华人民共和国网络安全法》的规定；其他数据处理者在中华人民共和国境内运营中收集和产生的重要数据的出境安全管理办法，由国家网信部门会同国务院有关部门制定。

第三十二条　任何组织、个人收集数据，应当采取合法、正当的方式，不得窃取或者以其他非法方式获取数据。

法律、行政法规对收集、使用数据的目的、范围有规定的，应当在法律、行政法规规定的目的和范围内收集、使用数据。

第三十三条　从事数据交易中介服务的机构提供服务，应当要求数据提供方说明数据来源，审核交易双方的身份，并留存审核、交易记录。

第三十四条　法律、行政法规规定提供数据处理相关服务应当取得行政许可的，服务提供者应当依法取得许可。

第三十五条　公安机关、国家安全机关因依法维护国家安全或者侦查犯罪的需要调取数据，应当按照国家有关规定，经过严格的批准手续，依法进行，有关组织、个人应当予以配合。

第三十六条　中华人民共和国主管机关根据有关法律和中华人民共和国缔结或者参加的国际条约、协定，或者按照平等互惠原则，处理外国司法或者执法机构关于提供数据的请求。非经中华人民共和国主管机关批准，境内的组织、个人不得向外国司法或者执法机构提供存储于中华人民共和国境内的数据。

第五章　政务数据安全与开放

第三十七条　国家大力推进电子政务建设，提高政务数据的科学性、准确性、时效性，提升运用数据服务经济社会发展的能力。

第三十八条　国家机关为履行法定职责的需要收集、使用数据，应当在其履行法定职责的范围内依照法律、行政法规规定的条件和程序进行；对在履行职责中知悉的个人隐私、个人信息、商业秘密、保密商务信息等数据应当依法予以保密，不得泄露或者非法向他人提供。

第三十九条 国家机关应当依照法律、行政法规的规定，建立健全数据安全管理制度，落实数据安全保护责任，保障政务数据安全。

第四十条 国家机关委托他人建设、维护电子政务系统，存储、加工政务数据，应当经过严格的批准程序，并应当监督受托方履行相应的数据安全保护义务。受托方应当依照法律、法规的规定和合同约定履行数据安全保护义务，不得擅自留存、使用、泄露或者向他人提供政务数据。

第四十一条 国家机关应当遵循公正、公平、便民的原则，按照规定及时、准确地公开政务数据。依法不予公开的除外。

第四十二条 国家制定政务数据开放目录，构建统一规范、互联互通、安全可控的政务数据开放平台，推动政务数据开放利用。

第四十三条 法律、法规授权的具有管理公共事务职能的组织为履行法定职责开展数据处理活动，适用本章规定。

第六章　法律责任

第四十四条 有关主管部门在履行数据安全监管职责中，发现数据处理活动存在较大安全风险的，可以按照规定的权限和程序对有关组织、个人进行约谈，并要求有关组织、个人采取措施进行整改，消除隐患。

第四十五条 开展数据处理活动的组织、个人不履行本法第二十七条、第二十九条、第三十条规定的数据安全保护义务的，由有关主管部门责令改正，给予警告，可以并处五万元以上五十万元以下罚款，对直接负责的主管人员和其他直接责任人员可以处一万元以上十万元以下罚款；拒不改正或者造成大量数据泄露等严重后果的，处五十万元以上二百万元以下罚款，并可以责令暂停相关业务、停业整顿、吊销相关业务许可证或者吊销营业执照，对直接负责的主管人员和其他直接责任人员处五万元以上二十万元以下罚款。

违反国家核心数据管理制度，危害国家主权、安全和发展利益的，由有关主管部门处二百万元以上一千万元以下罚款，并根据情况责令暂停相关业务、停业整顿、吊销相关业务许可证或者吊销营业执照；构成犯罪的，依法追究刑事责任。

第四十六条　违反本法第三十一条规定，向境外提供重要数据的，由有关主管部门责令改正，给予警告，可以并处十万元以上一百万元以下罚款，对直接负责的主管人员和其他直接责任人员可以处一万元以上十万元以下罚款；情节严重的，处一百万元以上一千万元以下罚款，并可以责令暂停相关业务、停业整顿、吊销相关业务许可证或者吊销营业执照，对直接负责的主管人员和其他直接责任人员处十万元以上一百万元以下罚款。

第四十七条　从事数据交易中介服务的机构未履行本法第三十三条规定的义务的，由有关主管部门责令改正，没收违法所得，处违法所得一倍以上十倍以下罚款，没有违法所得或者违法所得不足十万元的，处十万元以上一百万元以下罚款，并可以责令暂停相关业务、停业整顿、吊销相关业务许可证或者吊销营业执照；对直接负责的主管人员和其他直接责任人员处一万元以上十万元以下罚款。

第四十八条　违反本法第三十五条规定，拒不配合数据调取的，由有关主管部门责令改正，给予警告，并处五万元以上五十万元以下罚款，对直接负责的主管人员和其他直接责任人员处一万元以上十万元以下罚款。

违反本法第三十六条规定，未经主管机关批准向外国司法或者执法机构提供数据的，由有关主管部门给予警告，可以并处十万元以上一百万元以下罚款，对直接负责的主管人员和其他直接责任人员可以处一万元以上十万元以下罚款；造成严重后果的，处一百万元以上五百万元以下罚款，并可以责令暂停相关业务、停业整顿、吊销相关业务许可证或者吊销营业执照，对直接负责的主管人员和其他直接责任人员处五万元以上五十万元以下罚款。

第四十九条 国家机关不履行本法规定的数据安全保护义务的，对直接负责的主管人员和其他直接责任人员依法给予处分。

第五十条 履行数据安全监管职责的国家工作人员玩忽职守、滥用职权、徇私舞弊的，依法给予处分。

第五十一条 窃取或者以其他非法方式获取数据，开展数据处理活动排除、限制竞争，或者损害个人、组织合法权益的，依照有关法律、行政法规的规定处罚。

第五十二条 违反本法规定，给他人造成损害的，依法承担民事责任。

违反本法规定，构成违反治安管理行为的，依法给予治安管理处罚；构成犯罪的，依法追究刑事责任。

第七章 附 则

第五十三条 开展涉及国家秘密的数据处理活动，适用《中华人民共和国保守国家秘密法》等法律、行政法规的规定。

在统计、档案工作中开展数据处理活动，开展涉及个人信息的数据处理活动，还应当遵守有关法律、行政法规的规定。

第五十四条 军事数据安全保护的办法，由中央军事委员会依据本法另行制定。

第五十五条 本法自2021年9月1日起施行。

中华人民共和国个人信息保护法

（2021年8月20日第十三届全国人民代表大会常务委员会第三十次会议通过）

目　录

第一章　总　则

第二章　个人信息处理规则

第一节　一般规定

第二节　敏感个人信息的处理规则

第三节　国家机关处理个人信息的特别规定

第三章　个人信息跨境提供的规则

第四章　个人在个人信息处理活动中的权利

第五章　个人信息处理者的义务

第六章　履行个人信息保护职责的部门

第七章　法律责任

第八章　附　则

第一章　总　则

第一条　为了保护个人信息权益，规范个人信息处理活动，促进个人信息合理利用，根据宪法，制定本法。

第二条　自然人的个人信息受法律保护，任何组织、个人不得侵害自然人的个人信息权益。

第三条　在中华人民共和国境内处理自然人个人信息的活动，适用本法。

在中华人民共和国境外处理中华人民共和国境内自然人个人信息的活动，有下列情形之一的，也适用本法：

（一）以向境内自然人提供产品或者服务为目的；

（二）分析、评估境内自然人的行为；

（三）法律、行政法规规定的其他情形。

第四条　个人信息是以电子或者其他方式记录的与已识别或者可识别的自然人有关的各种信息，不包括匿名化处理后的信息。

个人信息的处理包括个人信息的收集、存储、使用、加工、传输、提供、公开、删除等。

第五条　处理个人信息应当遵循合法、正当、必要和诚信原则，不得通过误导、欺诈、胁迫等方式处理个人信息。

第六条　处理个人信息应当具有明确、合理的目的，并应当与处理目的直接相关，采取对个人权益影响最小的方式。

收集个人信息，应当限于实现处理目的的最小范围，不得过度收集个人信息。

第七条　处理个人信息应当遵循公开、透明原则，公开个人信息处理规则，明示处理的目的、方式和范围。

第八条　处理个人信息应当保证个人信息的质量，避免因个人信息不准确、不完整对个人权益造成不利影响。

第九条　个人信息处理者应当对其个人信息处理活动负责，并采取必要措施保障所处理的个人信息的安全。

第十条　任何组织、个人不得非法收集、使用、加工、传输他人个人信息，不得非法买卖、提供或者公开他人个人信息；不得从事危害国家安全、公共利益的个人信息处理活动。

第十一条　国家建立健全个人信息保护制度，预防和惩治侵害个人信息权益的行为，加强个人信息保护宣传教育，推动形成政府、企业、相关社会组织、公众共同参与个人信息保护的良好环境。

第十二条　国家积极参与个人信息保护国际规则的制定，促进个人信息保护方面的国际交流与合作，推动与其他国家、地区、国际组织之间的个人信息保护规则、标准等互认。

第二章　个人信息处理规则

第一节　一般规定

第十三条　符合下列情形之一的，个人信息处理者方可处理个人信息：

（一）取得个人的同意；

（二）为订立、履行个人作为一方当事人的合同所必需，或者按照依法制定的劳动规章制度和依法签订的集体合同实施人力资源管理所必需；

（三）为履行法定职责或者法定义务所必需；

（四）为应对突发公共卫生事件，或者紧急情况下为保护自然人的生命健康和财产安全所必需；

（五）为公共利益实施新闻报道、舆论监督等行为，在合理的范围内处理个人信息；

（六）依照本法规定在合理的范围内处理个人自行公开或者其他已经合法公开的个人信息；

（七）法律、行政法规规定的其他情形。

依照本法其他有关规定，处理个人信息应当取得个人同意，但是有前款第二项至第七项规定情形的，不需取得个人同意。

第十四条　基于个人同意处理个人信息的，该同意应当由个人在充分知情的前提下自愿、明确作出。法律、行政法规规定处理个人信息应当取得个人单独同意或者书面同意的，从其规定。

个人信息的处理目的、处理方式和处理的个人信息种类发生变更的，应当重新取得个人同意。

第十五条　基于个人同意处理个人信息的，个人有权撤回其同意。个人信息处理者应当提供便捷的撤回同意的方式。

个人撤回同意，不影响撤回前基于个人同意已进行的个人信息处理活动的效力。

第十六条 个人信息处理者不得以个人不同意处理其个人信息或者撤回同意为由，拒绝提供产品或者服务；处理个人信息属于提供产品或者服务所必需的除外。

第十七条 个人信息处理者在处理个人信息前，应当以显著方式、清晰易懂的语言真实、准确、完整地向个人告知下列事项：

（一）个人信息处理者的名称或者姓名和联系方式；

（二）个人信息的处理目的、处理方式，处理的个人信息种类、保存期限；

（三）个人行使本法规定权利的方式和程序；

（四）法律、行政法规规定应当告知的其他事项。

前款规定事项发生变更的，应当将变更部分告知个人。

个人信息处理者通过制定个人信息处理规则的方式告知第一款规定事项的，处理规则应当公开，并且便于查阅和保存。

第十八条 个人信息处理者处理个人信息，有法律、行政法规规定应当保密或者不需要告知的情形的，可以不向个人告知前条第一款规定的事项。

紧急情况下为保护自然人的生命健康和财产安全无法及时向个人告知的，个人信息处理者应当在紧急情况消除后及时告知。

第十九条 除法律、行政法规另有规定外，个人信息的保存期限应当为实现处理目的所必要的最短时间。

第二十条 两个以上的个人信息处理者共同决定个人信息的处理目的和处理方式的，应当约定各自的权利和义务。但是，该约定不影响个人向其中任何一个个人信息处理者要求行使本法规定的权利。

个人信息处理者共同处理个人信息，侵害个人信息权益造成损害的，应当依法承担连带责任。

第二十一条 个人信息处理者委托处理个人信息的，应当与受托人约定委托处理的目的、期限、处理方式、个人信息的种类、保护措施以及双方的权利和义务等，并对受托人的个人信息处理活动进行监督。

受托人应当按照约定处理个人信息，不得超出约定的处理目的、处理方式等处理个人信息；委托合同不生效、无效、被撤销或者终止的，受托人应当将个人信息返还个人信息处理者或者予以删除，不得保留。

未经个人信息处理者同意，受托人不得转委托他人处理个人信息。

第二十二条　个人信息处理者因合并、分立、解散、被宣告破产等原因需要转移个人信息的，应当向个人告知接收方的名称或者姓名和联系方式。接收方应当继续履行个人信息处理者的义务。接收方变更原先的处理目的、处理方式的，应当依照本法规定重新取得个人同意。

第二十三条　个人信息处理者向其他个人信息处理者提供其处理的个人信息的，应当向个人告知接收方的名称或者姓名、联系方式、处理目的、处理方式和个人信息的种类，并取得个人的单独同意。接收方应当在上述处理目的、处理方式和个人信息的种类等范围内处理个人信息。接收方变更原先的处理目的、处理方式的，应当依照本法规定重新取得个人同意。

第二十四条　个人信息处理者利用个人信息进行自动化决策，应当保证决策的透明度和结果公平、公正，不得对个人在交易价格等交易条件上实行不合理的差别待遇。

通过自动化决策方式向个人进行信息推送、商业营销，应当同时提供不针对其个人特征的选项，或者向个人提供便捷的拒绝方式。

通过自动化决策方式作出对个人权益有重大影响的决定，个人有权要求个人信息处理者予以说明，并有权拒绝个人信息处理者仅通过自动化决策的方式作出决定。

第二十五条　个人信息处理者不得公开其处理的个人信息，取得个人单独同意的除外。

第二十六条　在公共场所安装图像采集、个人身份识别设备，应当为维护公共安全所必需，遵守国家有关规定，并设置显著的提示标识。所收集的个人图像、身份识别信息只能用于维护公共安全的目的，不得用于其他目的；取得个人单独同意的除外。

第二十七条　个人信息处理者可以在合理的范围内处理个人自行公开或者其他已经合法公开的个人信息；个人明确拒绝的除外。个人信息处理者处理已公开的个人信息，对个人权益有重大影响的，应当依照本法规定取得个人同意。

第二节　敏感个人信息的处理规则

第二十八条　敏感个人信息是一旦泄露或者非法使用，容易导致自然人的人格尊严受到侵害或者人身、财产安全受到危害的个人信息，包括生物识别、宗教信仰、特定身份、医疗健康、金融账户、行踪轨迹等信息，以及不满十四周岁未成年人的个人信息。

只有在具有特定的目的和充分的必要性，并采取严格保护措施的情形下，个人信息处理者方可处理敏感个人信息。

第二十九条　处理敏感个人信息应当取得个人的单独同意；法律、行政法规规定处理敏感个人信息应当取得书面同意的，从其规定。

第三十条　个人信息处理者处理敏感个人信息的，除本法第十七条第一款规定的事项外，还应当向个人告知处理敏感个人信息的必要性以及对个人权益的影响；依照本法规定可以不向个人告知的除外。

第三十一条　个人信息处理者处理不满十四周岁未成年人个人信息的，应当取得未成年人的父母或者其他监护人的同意。

个人信息处理者处理不满十四周岁未成年人个人信息的，应当制定专门的个人信息处理规则。

第三十二条　法律、行政法规对处理敏感个人信息规定应当取得相关行政许可或者作出其他限制的，从其规定。

第三节　国家机关处理个人信息的特别规定

第三十三条　国家机关处理个人信息的活动，适用本法；本节有特别规定的，适用本节规定。

第三十四条　国家机关为履行法定职责处理个人信息，应当依照法律、行政法规规定的权限、程序进行，不得超出履行法定职责所必需的范围和限度。

第三十五条　国家机关为履行法定职责处理个人信息，应当依照本法规定履行告知义务；有本法第十八条第一款规定的情形，或者告知将妨碍国家机关履行法定职责的除外。

第三十六条　国家机关处理的个人信息应当在中华人民共和国境内存储；确需向境外提供的，应当进行安全评估。安全评估可以要求有关部门提供支持与协助。

第三十七条　法律、法规授权的具有管理公共事务职能的组织为履行法定职责处理个人信息，适用本法关于国家机关处理个人信息的规定。

第三章　个人信息跨境提供的规则

第三十八条　个人信息处理者因业务等需要，确需向中华人民共和国境外提供个人信息的，应当具备下列条件之一：

（一）依照本法第四十条的规定通过国家网信部门组织的安全评估；

（二）按照国家网信部门的规定经专业机构进行个人信息保护认证；

（三）按照国家网信部门制定的标准合同与境外接收方订立合同，约定双方的权利和义务；

（四）法律、行政法规或者国家网信部门规定的其他条件。

中华人民共和国缔结或者参加的国际条约、协定对向中华人民共和国境外提供个人信息的条件等有规定的，可以按照其规定执行。

个人信息处理者应当采取必要措施，保障境外接收方处理个人信息的活动达到本法规定的个人信息保护标准。

第三十九条　个人信息处理者向中华人民共和国境外提供个人信息的，应当向个人告知境外接收方的名称或者姓名、联系方式、处理目的、处理方式、个人信息的种类以及个人向境外接收方行使本法规定权利的方式和程序等事项，并取得个人的单独同意。

第四十条　关键信息基础设施运营者和处理个人信息达到国家网信部门规定数量的个人信息处理者，应当将在中华人民共和国境内收集和产生的个人信息存储在境内。确需向境外提供的，应当通过国家网信部门组织的安全评估；法律、行政法规和国家网信部门规定可以不进行安全评估的，从其规定。

第四十一条　中华人民共和国主管机关根据有关法律和中华人民共和国缔结或者参加的国际条约、协定，或者按照平等互惠原则，处理外国司法或者执法机构关于提供存储于境内个人信息的请求。非经中华人民共和国主管机关批准，个人信息处理者不得向外国司法或者执法机构提供存储于中华人民共和国境内的个人信息。

第四十二条　境外的组织、个人从事侵害中华人民共和国公民的个人信息权益，或者危害中华人民共和国国家安全、公共利益的个人信息处理活动的，国家网信部门可以将其列入限制或者禁止个人信息提供清单，予以公告，并采取限制或者禁止向其提供个人信息等措施。

第四十三条　任何国家或者地区在个人信息保护方面对中华人民共和国采取歧视性的禁止、限制或者其他类似措施的，中华人民共和国可以根据实际情况对该国家或者地区对等采取措施。

第四章　个人在个人信息处理活动中的权利

第四十四条　个人对其个人信息的处理享有知情权、决定权，有权限制或者拒绝他人对其个人信息进行处理；法律、行政法规另有规定的除外。

第四十五条　个人有权向个人信息处理者查阅、复制其个人信息；有本法第十八条第一款、第三十五条规定情形的除外。

个人请求查阅、复制其个人信息的，个人信息处理者应当及时提供。

个人请求将个人信息转移至其指定的个人信息处理者，符合国家网信部门规定条件的，个人信息处理者应当提供转移的途径。

第四十六条　个人发现其个人信息不准确或者不完整的，有权请求个人信息处理者更正、补充。

个人请求更正、补充其个人信息的，个人信息处理者应当对其个人信息予以核实，并及时更正、补充。

第四十七条　有下列情形之一的，个人信息处理者应当主动删除个人信息；个人信息处理者未删除的，个人有权请求删除：

（一）处理目的已实现、无法实现或者为实现处理目的不再必要；

（二）个人信息处理者停止提供产品或者服务，或者保存期限已届满；

（三）个人撤回同意；

（四）个人信息处理者违反法律、行政法规或者违反约定处理个人信息；

（五）法律、行政法规规定的其他情形。

法律、行政法规规定的保存期限未届满，或者删除个人信息从技术上难以实现的，个人信息处理者应当停止除存储和采取必要的安全保护措施之外的处理。

第四十八条　个人有权要求个人信息处理者对其个人信息处理规则进行解释说明。

第四十九条　自然人死亡的，其近亲属为了自身的合法、正当利益，可以对死者的相关个人信息行使本章规定的查阅、复制、更正、删除等权利；死者生前另有安排的除外。

第五十条　个人信息处理者应当建立便捷的个人行使权利的申请受理和处理机制。拒绝个人行使权利的请求的，应当说明理由。

个人信息处理者拒绝个人行使权利的请求的，个人可以依法向人民法院提起诉讼。

第五章　个人信息处理者的义务

第五十一条　个人信息处理者应当根据个人信息的处理目的、处理方式、个人信息的种类以及对个人权益的影响、可能存在的安全风险等，采取下列措施确保个人信息处理活动符合法律、行政法规的规定，并防止未经授权的访问以及个人信息泄露、篡改、丢失：

（一）制定内部管理制度和操作规程；

（二）对个人信息实行分类管理；

（三）采取相应的加密、去标识化等安全技术措施；

（四）合理确定个人信息处理的操作权限，并定期对从业人员进行安全教育和培训；

（五）制定并组织实施个人信息安全事件应急预案；

（六）法律、行政法规规定的其他措施。

第五十二条　处理个人信息达到国家网信部门规定数量的个人信息处理者应当指定个人信息保护负责人，负责对个人信息处理活动以及采取的保护措施等进行监督。

个人信息处理者应当公开个人信息保护负责人的联系方式，并将个人信息保护负责人的姓名、联系方式等报送履行个人信息保护职责的部门。

第五十三条　本法第三条第二款规定的中华人民共和国境外的个人信息处理者，应当在中华人民共和国境内设立专门机构或者指定代表，负责处理个人信息保护相关事务，并将有关机构的名称或者代表的姓名、联系方式等报送履行个人信息保护职责的部门。

第五十四条　个人信息处理者应当定期对其处理个人信息遵守法律、行政法规的情况进行合规审计。

第五十五条　有下列情形之一的，个人信息处理者应当事前进行个人信息保护影响评估，并对处理情况进行记录：

（一）处理敏感个人信息；

（二）利用个人信息进行自动化决策；

（三）委托处理个人信息、向其他个人信息处理者提供个人信息、公开个人信息；

（四）向境外提供个人信息；

（五）其他对个人权益有重大影响的个人信息处理活动。

第五十六条　个人信息保护影响评估应当包括下列内容：

（一）个人信息的处理目的、处理方式等是否合法、正当、必要；

（二）对个人权益的影响及安全风险；

（三）所采取的保护措施是否合法、有效并与风险程度相适应。

个人信息保护影响评估报告和处理情况记录应当至少保存三年。

第五十七条　发生或者可能发生个人信息泄露、篡改、丢失的，个人信息处理者应当立即采取补救措施，并通知履行个人信息保护职责的部门和个人。通知应当包括下列事项：

（一）发生或者可能发生个人信息泄露、篡改、丢失的信息种类、原因和可能造成的危害；

（二）个人信息处理者采取的补救措施和个人可以采取的减轻危害的措施；

（三）个人信息处理者的联系方式。

个人信息处理者采取措施能够有效避免信息泄露、篡改、丢失造成危害的，个人信息处理者可以不通知个人；履行个人信息保护职责的部门认为可能造成危害的，有权要求个人信息处理者通知个人。

第五十八条　提供重要互联网平台服务、用户数量巨大、业务类型复杂的个人信息处理者，应当履行下列义务：

（一）按照国家规定建立健全个人信息保护合规制度体系，成立主要由外部成员组成的独立机构对个人信息保护情况进行监督；

（二）遵循公开、公平、公正的原则，制定平台规则，明确平台内产品或者服务提供者处理个人信息的规范和保护个人信息的义务；

（三）对严重违反法律、行政法规处理个人信息的平台内的产品或者服务提供者，停止提供服务；

（四）定期发布个人信息保护社会责任报告，接受社会监督。

第五十九条 接受委托处理个人信息的受托人，应当依照本法和有关法律、行政法规的规定，采取必要措施保障所处理的个人信息的安全，并协助个人信息处理者履行本法规定的义务。

第六章 履行个人信息保护职责的部门

第六十条 国家网信部门负责统筹协调个人信息保护工作和相关监督管理工作。国务院有关部门依照本法和有关法律、行政法规的规定，在各自职责范围内负责个人信息保护和监督管理工作。

县级以上地方人民政府有关部门的个人信息保护和监督管理职责，按照国家有关规定确定。

前两款规定的部门统称为履行个人信息保护职责的部门。

第六十一条 履行个人信息保护职责的部门履行下列个人信息保护职责：

（一）开展个人信息保护宣传教育，指导、监督个人信息处理者开展个人信息保护工作；

（二）接受、处理与个人信息保护有关的投诉、举报；

（三）组织对应用程序等个人信息保护情况进行测评，并公布测评结果；

（四）调查、处理违法个人信息处理活动；

（五）法律、行政法规规定的其他职责。

第六十二条 国家网信部门统筹协调有关部门依据本法推进下列个人信息保护工作：

（一）制定个人信息保护具体规则、标准；

（二）针对小型个人信息处理者、处理敏感个人信息以及人脸识别、人工智能等新技术、新应用，制定专门的个人信息保护规则、标准；

（三）支持研究开发和推广应用安全、方便的电子身份认证技术，推进网络身份认证公共服务建设；

（四）推进个人信息保护社会化服务体系建设，支持有关机构开展个人信息保护评估、认证服务；

（五）完善个人信息保护投诉、举报工作机制。

第六十三条　履行个人信息保护职责的部门履行个人信息保护职责，可以采取下列措施：

（一）询问有关当事人，调查与个人信息处理活动有关的情况；

（二）查阅、复制当事人与个人信息处理活动有关的合同、记录、账簿以及其他有关资料；

（三）实施现场检查，对涉嫌违法的个人信息处理活动进行调查；

（四）检查与个人信息处理活动有关的设备、物品；对有证据证明是用于违法个人信息处理活动的设备、物品，向本部门主要负责人书面报告并经批准，可以查封或者扣押。

履行个人信息保护职责的部门依法履行职责，当事人应当予以协助、配合，不得拒绝、阻挠。

第六十四条　履行个人信息保护职责的部门在履行职责中，发现个人信息处理活动存在较大风险或者发生个人信息安全事件的，可以按照规定的权限和程序对该个人信息处理者的法定代表人或者主要负责人进行约谈，或者要求个人信息处理者委托专业机构对其个人信息处理活动进行合规审计。个人信息处理者应当按照要求采取措施，进行整改，消除隐患。

履行个人信息保护职责的部门在履行职责中，发现违法处理个人信息涉嫌犯罪的，应当及时移送公安机关依法处理。

第六十五条　任何组织、个人有权对违法个人信息处理活动向履行个人信息保护职责的部门进行投诉、举报。收到投诉、举报的部门应当依法及时处理，并将处理结果告知投诉、举报人。

履行个人信息保护职责的部门应当公布接受投诉、举报的联系方式。

第七章　法律责任

第六十六条　违反本法规定处理个人信息，或者处理个人信息未履行本法规定的个人信息保护义务的，由履行个人信息保护职责的部门责令改正，给予警告，没收违法所得，对违法处理个人信息的应用程序，责令暂停或者终止提供服务；拒不改正的，并处一百万元以下罚款；对直接负责的主管人员和其他直接责任人员处一万元以上十万元以下罚款。

有前款规定的违法行为，情节严重的，由省级以上履行个人信息保护职责的部门责令改正，没收违法所得，并处五千万元以下或者上一年度营业额百分之五以下罚款，并可以责令暂停相关业务或者停业整顿、通报有关主管部门吊销相关业务许可或者吊销营业执照；对直接负责的主管人员和其他直接责任人员处十万元以上一百万元以下罚款，并可以决定禁止其在一定期限内担任相关企业的董事、监事、高级管理人员和个人信息保护负责人。

第六十七条　有本法规定的违法行为的，依照有关法律、行政法规的规定记入信用档案，并予以公示。

第六十八条　国家机关不履行本法规定的个人信息保护义务的，由其上级机关或者履行个人信息保护职责的部门责令改正；对直接负责的主管人员和其他直接责任人员依法给予处分。

履行个人信息保护职责的部门的工作人员玩忽职守、滥用职权、徇私舞弊，尚不构成犯罪的，依法给予处分。

第六十九条　处理个人信息侵害个人信息权益造成损害，个人信息处理者不能证明自己没有过错的，应当承担损害赔偿等侵权责任。

前款规定的损害赔偿责任按照个人因此受到的损失或者个人信息处理者因此获得的利益确定；个人因此受到的损失和个人信息处理者因此

获得的利益难以确定的，根据实际情况确定赔偿数额。

第七十条　个人信息处理者违反本法规定处理个人信息，侵害众多个人的权益的，人民检察院、法律规定的消费者组织和由国家网信部门确定的组织可以依法向人民法院提起诉讼。

第七十一条　违反本法规定，构成违反治安管理行为的，依法给予治安管理处罚；构成犯罪的，依法追究刑事责任。

第八章　附　则

第七十二条　自然人因个人或者家庭事务处理个人信息的，不适用本法。

法律对各级人民政府及其有关部门组织实施的统计、档案管理活动中的个人信息处理有规定的，适用其规定。

第七十三条　本法下列用语的含义：

（一）个人信息处理者，是指在个人信息处理活动中自主决定处理目的、处理方式的组织、个人。

（二）自动化决策，是指通过计算机程序自动分析、评估个人的行为习惯、兴趣爱好或者经济、健康、信用状况等，并进行决策的活动。

（三）去标识化，是指个人信息经过处理，使其在不借助额外信息的情况下无法识别特定自然人的过程。

（四）匿名化，是指个人信息经过处理无法识别特定自然人且不能复原的过程。

第七十四条　本法自2021年11月1日起施行。

深圳经济特区数据条例（征求意见稿）

目　录

第一章　总　则

第二章　个人数据

第一节　一般规定

第二节　个人数据处理

第三节　个人数据权益

第三章　公共数据

第一节　一般规定

第二节　公共数据开放

第三节　公共数据利用

第四章　数据市场

第一节　一般规定

第二节　数据交易

第三节　公平竞争

第五章　数据安全

第一节　一般规定

第二节　数据安全管理

第三节　数据安全监督

第六章　法律责任

第七章　附　则

第一章　总　则

第一条　为了规范数据处理活动，保护自然人、法人和非法人组织的数据权益，促进数据资源开放流动和开发利用，根据有关法律、行政法规的基本原则，结合深圳经济特区实际，制定本条例。

第二条　本条例所称数据，是指任何以电子或者非电子形式对信息的记录。

本条例所称数据处理，是指数据的收集、存储、加工、使用、提供、开放、交易等活动。

第三条　自然人对载有其个人信息的数据享有法律、行政法规及本条例规定的人格权益。

自然人、法人和非法人组织对其合法处理数据形成的数据产品和服务享有法律、行政法规及本条例规定的财产权益。但是，不得危害国家安全和公共利益，不得损害自然人人格权益，不得侵害他人知识产权。

第四条　市人民政府应当建立健全数据治理制度和标准体系，统筹推进个人数据保护、公共数据开放共享利用、数据市场培育发展及数据安全管理工作。

第五条　市人民政府设立市数据工作委员会，负责研究、协调本市数据管理工作中的重大事项。

市数据工作委员会下设办公室，由市政务服务数据管理部门承担日常工作。

第六条　市网信部门负责本市个人数据保护、数据安全、跨境数据流通等工作的指导、协调和监督管理。

市工业和信息化部门负责本市数据产业发展和信息基础设施建设工作。

市市场监督管理部门负责本市数据市场的监督管理工作。

市政务服务数据管理部门负责本市公共数据管理工作的指导、协调和监督管理。

市各行业主管部门负责本行业数据管理工作的统筹、指导、协调和监督。

市发展改革、公安、财政、人力资源保障、规划和自然资源、审计、国家安全等部门依照有关法律、法规，在各自职责范围内履行数据资源管理的相关职能。

第七条　市人民政府应当充分发挥数据的基础资源作用和创新引擎作用，加快构建以数据为关键要素的数字经济，创新运用大数据提升城市治理现代化水平，促进保障和改善民生，并切实保障数据安全。

第二章　个人数据

第一节　一般规定

第八条　本条例所称个人数据，是指载有自然人个人信息的数据，包括载有个人身份信息、生物特征信息和其他敏感个人信息的数据，但是不包括匿名化处理后的数据。

本条例所称敏感个人数据，是指一旦泄露、非法提供或者滥用，可能导致自然人受到歧视或者人身、财产安全受到严重危害的个人数据，包括种族、民族、宗教信仰、生物特征、医疗健康、金融账户、个人行踪等数据。

本条例所称生物识别数据，是指对自然人的相关身体、生理、行为等生物特征进行技术处理而得出的能够识别自然人独特标识的个人数据，包括自然人的基因、指纹、声纹、掌纹、耳廓、虹膜、面部识别特征等数据。

本条例所称匿名化处理，是指通过对个人数据进行技术处理使得个人数据主体无法被识别，且处理后的数据不能被复原的活动。

第九条　处理个人数据应当符合下列要求：

（一）严格遵守法律、法规规定，处理个人数据的目的和方式合法、正当；

（二）限于实现处理目的所必要的最小范围、采取对个人权益影响最小的方式，不得进行与处理目的无关的个人数据处理；

（三）遵循公开、透明的原则，明示个人数据处理的目的、方式、范围和规则等；

（四）保证个人数据的准确性和必要的完整性，避免因个人数据不准确、不完整给当事人造成损害；

（五）确保个人数据安全，积极维护自然人合法权益。

前款所称处理个人数据应当限于实现处理目的所必要的最小范围，采取对个人权益影响最小的方式，具体包括但是不限于下列情形：

（一）处理的个人数据的种类、范围应当与处理目的有直接关联，不处理该个人数据则处理目的无法实现；

（二）自动处理个人数据的频率应当是实现处理目的所必需的最低频率；

（三）处理个人数据的数量应当是实现处理目的所必需的最少数量；

（四）存储的期限应当为实现处理目的所必需的最短时间，超出存储期限的，应当对个人数据进行删除或者匿名化处理，法律、法规另有规定或者自然人另行同意的除外；

（五）应当建立最小授权的访问控制策略，使被授权访问个人数据的人员仅能访问职责所需的最少的个人数据，且仅具备完成职责所需的最少的数据操作权限。

第十条　公共管理和服务机构处理个人数据，应当仅限于履行法定职责和提供公共服务所必需，并按照规定采取安全保护措施，充分保障数据安全。

本条例所称公共管理和服务机构，是指本市国家机关和法律、法规授权管理公共事务和提供公共服务的组织。

第十一条　自然人发现数据处理者违反法律、法规规定或者双方约定处理其个人数据的，可以向市网信部门投诉举报，市网信部门应当及时依法处理。

自然人认为数据处理者违反法律、法规规定或者双方约定处理其个人数据并造成损害的，可以依法向人民法院提起诉讼。

第二节　个人数据处理

第十二条　数据处理者应当在处理个人数据前征得自然人或者其监护人的同意，并在其同意范围内处理其个人数据，但是法律、行政法规以及本条例另有规定的除外。

本条例所称同意，是指当事人自主、明确地表示允许处理其个人数据的意思表示。

数据处理者不得通过误导、欺骗、胁迫等违背自然人真实意愿的方式获取其同意。

第十三条　处理个人数据的种类、范围、目的和方式变更的，应当重新征得自然人或者其监护人的同意。

第十四条　处理敏感个人数据的，应当在处理前征得该自然人或者其监护人的明示同意。

第十五条　生物识别数据处理者处理生物识别数据应当为处理个人数据的目的所必需，且不能为其他个人数据所替代，并应当具备相应的数据安全防护能力。

生物识别数据处理管理办法由市政务服务数据管理部门会同市公安机关另行制定。

第十六条　处理未成年人个人数据的，按照处理敏感个人数据的有关规定执行；处理不满十四周岁的未成年人个人数据的，应当在处理前征得其监护人的明示同意。

处理无民事行为能力或者限制民事行为能力的成年人个人数据的，应当在处理前征得其监护人的明示同意。

第十七条　处理个人数据有下列情形之一的，可以在处理前不征得自然人或者其监护人的同意：

（一）处理自然人自行公开或者其他已经合法公开的个人数据，且符合该个人数据公开时的目的；

（二）为了订立或者履行自然人作为一方当事人的合同所必需；

（三）公共管理和服务机构为了履行法定职责或者提供服务所必需；

（四）新闻单位依法进行新闻报道所必需；

（五）法律、行政法规规定的其他情形。

第十八条　自然人有权随时撤回部分或者全部处理其个人数据的同意。

自然人撤回同意的，数据处理者不得继续处理其个人数据，但是不影响数据处理者在自然人撤回同意前基于同意进行的合法数据处理；法律、法规另有规定的，从其规定。

第十九条　处理个人数据应当采用足以引起注意的特别标识等易获取的方式提供自然人撤回处理其个人数据的同意的途径，不得利用服务协议或者技术等手段对其撤回同意进行不合理限制或者附加不合理条件。

第二十条　处理个人数据应当在征得自然人或者其监护人处理其个人数据的同意前以通俗易懂、明确具体、易获取的方式向其完整、真实、准确地告知下列事项：

（一）数据处理者的姓名或者名称以及联系方式；

（二）处理个人数据的种类和范围；

（三）处理个人数据的目的和方式；

（四）存储个人数据的地点和期限；

（五）处理个人数据可能存在的安全风险以及对其个人数据采取的安全保护措施；

（六）自然人依法享有的权利以及行使权利的方式和程序；

（七）法律、法规规定应当告知的其他事项。

处理敏感个人数据应当依照前款规定，以更加显著的标识或者突出显示的形式将处理敏感个人数据的必要性以及对其可能产生的影响进行单独告知。

第二十一条　处理个人数据有法律、行政法规规定应当保密或者不宜告知的情形的，不适用本条例第二十条的规定。

紧急情况下为了保护自然人的人身、财产安全等重大合法权益，不能按照本条例第二十条的规定进行事前告知的，应当在紧急情况消除后及时告知。

第二十二条 数据处理者向他人提供其处理的个人数据的，应当对数据进行去标识化处理，使得被提供的个人数据在不借助其他数据的情况下无法识别特定的自然人。法律、法规规定或者自然人与数据处理者约定应当进行匿名化处理的，数据处理者应当依照法律、法规规定或者双方约定进行匿名化处理。

数据处理者向他人提供其处理的个人数据有下列情形之一的，可以不进行去标识化处理：

（一）应公共管理和服务机构履行法定职责需要且书面要求提供的；

（二）基于自然人或者其监护人的同意向他人提供其个人数据的；

（三）法律、行政法规规定的其他情形。

第二十三条 数据处理者可以基于提升产品质量或者服务体验的目的，对自然人进行用户画像，为其推荐个性化的产品或者服务。

本条例所称用户画像，是指为了评估自然人的某些条件而对其个人数据进行的自动化处理，包括为了评估自然人的工作表现、经济状况、健康状况、个人偏好、兴趣、可靠性、行为方式、位置、行踪等而进行的处理。

第二十四条 数据处理者对自然人进行用户画像时，应当向其明示用户画像的规则和用途，并采用足以引起注意的特别标识等易获取的方式向其提供拒绝的途径。

自然人有权随时拒绝对其进行的用户画像和基于用户画像向其进行的个性化产品或者服务推荐。

禁止对未成年人进行用户画像以及基于用户画像向未成年人推荐个性化的产品或者服务。

第三节　个人数据权益

第二十五条　自然人对其个人数据的处理享有知情权、决定权，有权限制或者拒绝他人处理其个人数据。法律、行政法规另有规定的，从其规定。

第二十六条　自然人有权向数据处理者要求查阅、复制其个人数据，数据处理者应当按照有关规定提供。

第二十七条　自然人发现其个人数据不准确或者不完整的，有权要求数据处理者补充、更正，数据处理者应当予以核实，并及时补充、更正。

第二十八条　有下列情形之一的，自然人有权要求数据处理者删除其个人数据，数据处理者应当删除其个人数据：

（一）约定的存储期限已经届满；

（二）处理个人数据的目的已经实现或者处理的个人数据对于处理的目的已经不再必要；

（三）自然人撤回处理其个人数据的同意；

（四）数据处理者违反法律、法规的规定或者双方约定处理数据；

（五）法律、法规规定的其他情形。

第二十九条　自然人撤回处理其个人数据的同意，要求数据处理者删除其个人数据的，数据处理者可以留存告知和同意的证据，但是不得超过其履行法定义务、应对诉讼或者纠纷的必要限度。

第三十条　数据处理者应当建立自然人行使权利申请和投诉举报的受理处理机制，并采用足以引起注意的特别标识等易获取的方式提供有效的行使权利和投诉举报的途径。

数据处理者收到相关行使权利申请或者投诉举报的，应当及时受理，并依法采取相应处理措施；拒绝申请事项的，应当说明理由。

第三章 公共数据

第一节 一般规定

第三十一条 本条例所称公共数据,是指公共管理和服务机构在依法履行公共管理和服务职责过程中,产生、处理的各类数据。

第三十二条 市数据工作委员会设立公共数据管理委员会,负责协调、处理公共数据管理工作中的重大事项。

市政务服务数据管理部门承担市公共数据管理委员会日常工作,并负责统筹全市公共数据管理工作,建立和完善公共数据资源管理体系,推进公共数据共享、开放和综合利用。

区政务服务数据管理部门在市政务服务数据管理部门指导下,统筹本辖区公共数据管理工作。

第三十三条 市人民政府应当建立城市大数据中心,并依托城市大数据中心建设全市公共数据资源共享平台和开放平台,实现对全市公共数据资源统一、集约、安全、高效管理和利用。

市政务服务数据管理部门负责推动公共管理和服务机构将所管理的公共数据资源向城市大数据中心汇聚,组织公共管理和服务机构依托城市大数据中心开展公共数据资源管理和利用。

各区人民政府可以按照全市统一规划,建设城市大数据中心分中心,将公共数据资源纳入城市大数据中心统一管理。

第三十四条 公共数据资源按照基础数据资源、主题数据资源和业务数据资源实行分类管理制度。

市政务服务数据管理部门负责统筹本市公共数据资源体系整体规划和建设,并会同相关部门建设和管理人口、法人、房屋、自然资源与空间地理、电子证照、公共信用等基础数据库。

各行业主管部门应当按照公共数据资源体系整体规划和相关制度规范要求,规划本行业公共数据资源体系,建设并管理相关主题数据库。

公共管理和服务机构应当按照公共数据资源体系整体规划、行业专项规划和相关制度规范要求，建设、管理本机构业务数据库。

第三十五条　公共数据资源实行目录管理制度。

市政务服务数据管理部门负责建立全市统一的公共数据资源目录体系，制定公共数据资源目录编制要求，组织公共管理和服务机构按照公共数据资源目录规范处理各类公共数据。

公共管理和服务机构应当按照公共数据资源目录编制要求，对本机构所处理的数据进行目录管理。

第三十六条　实行公共数据全面共享制度。公共数据在公共管理和服务机构之间以共享为原则，不共享为例外。

市人民政府应当制定公共数据共享负面清单，并及时进行动态调整。未纳入负面清单的公共数据应当共享。

公共数据共享的具体办法由市人民政府另行制定。

第三十七条　市政务服务数据管理部门应当建立以公共数据资源目录体系为基础的公共数据共享需求对接机制和相关管理制度，并组织实施。

公共数据使用部门可以根据履行职责需要提出共享申请，明确数据使用的依据、目的、范围、方式及相关需求，并按照本级政务服务数据管理部门和数据提供部门要求，加强共享数据使用管理，不得超出范围使用或者用于其他目的。

公共数据提供部门应当在规定时间内，回应公共数据使用部门的共享需求，并可以对公共数据使用部门提出数据使用要求。

第三十八条　公共管理和服务机构应当通过全市公共数据资源共享平台开展数据共享。

公共管理和服务机构可以通过共享方式获得数据的，不得向自然人、法人和非法人组织重复收集。

第三十九条　市政务服务数据管理部门应当组织制定公共数据质量管理制度和规范，建立健全质量监测和评估体系，并组织实施。

公共管理和服务机构应当按照公共数据质量管理制度和规范，建立和完善本机构数据质量管理体系，加强数据质量管控，保障数据真实、准确、完整、及时、可用。

市公共数据管理委员会定期对公共管理和服务机构数据管理工作进行评价，并向市数据工作委员会报告评价结果。

第四十条　公共管理和服务机构履行职责所需的数据无法通过城市大数据中心共享且难以自行收集的，由市人民政府统筹对外采购，具体工作由市政务服务数据管理部门承担。

公共管理和服务机构所需采购的数据经市政务服务数据管理部门纳入公共数据资源目录后，可以由其自行采购，或者由市政务服务数据管理部门统一采购。采购的数据应当通过城市大数据中心向公共管理和服务机构提供统一服务。

第二节　公共数据开放

第四十一条　本条例所称公共数据开放，是指公共管理和服务机构依法通过统一的公共数据平台或者由本单位直接面向社会提供可机器读取的公共数据的活动。

第四十二条　公共数据开放应当遵循分类分级、需求导向、安全可控的原则，在法律、法规允许范围内最大限度开放。

公共数据依照法律、法规规定开放，不得收取任何费用；法律、行政法规另有规定的，从其规定。

第四十三条　公共数据按照开放条件分为无条件开放、有条件开放和不予开放三类。

无条件开放公共数据，是指可以无条件提供给自然人、法人和非法人组织的公共数据。

有条件开放公共数据，是指可以部分提供或者需要按照特定条件提供给自然人、法人和非法人组织的公共数据。

不予开放公共数据，是指涉及国家安全、商业秘密和个人隐私，或者法律、法规等规定不得开放的公共数据。

第四十四条 建立以公共数据资源目录体系为基础的公共数据开放管理制度，建立公共数据开放清单和调整机制，推动公共管理和服务机构的数据开放工作。

有条件开放的公共数据，应当在编制公共数据开放清单时明确开放条件、使用要求及安全保障措施等。

第四十五条 市政务服务数据管理部门应当依托城市大数据中心建设公共数据开放平台，统一向社会开放公共数据。

公共数据开放平台应当根据开放数据类型，提供数据下载、应用程序接口、安全可信的数据综合开发利用环境等多种数据开放方式。

第四十六条 市人民政府应当通过政策引导、经费支持等方式，支持社会力量对开放的公共数据进行开发利用。

第三节 公共数据利用

第四十七条 市人民政府应当加快推进数字政府改革，深化数据在经济调节、市场监管、社会管理、公共服务、生态环境保护中的应用，建立和完善运用数据进行管理的制度规则，创新政府决策、监管及服务模式，推动政府数字化转型，实现主动、精准、整体式、智能化的政府管理和服务。

第四十八条 市人民政府应当依托城市大数据中心建设基于统一架构的业务中枢、数据中枢和能力中枢，形成统一的城市智能中枢平台体系，为政府管理服务以及各区域各行业应用提供统一、全面的数字化服务，促进技术融合、业务融合、数据融合。

市人民政府依托城市智能中枢平台建设政府管理服务指挥中心，建立和完善政府管理服务指挥中心的建设和运营管理机制，推动政府整体数字化转型，深化跨层级、跨地域、跨系统、跨部门、跨业务的数据共享和业务协同，建立统一指挥、一体联动、智能精准、科学高效的政府运行体系。

各行业主管部门应当依托城市智能中枢平台建设本行业管理服务平台，推动本行业管理服务全面数字化。

各区人民政府应当依托城市智能中枢平台，以服务基层为目标，整合数据资源、优化业务流程、创新管理模式，推进基层治理与服务科学化、精细化、智能化。

第四十九条 市人民政府应当依托城市智能中枢平台，从服务对象视角推动业务整合和流程再造，深化前台统一受理、后台协同审批、全市一体运作的整体式政务服务模式创新。

市政务服务数据管理部门应当推动公共管理和服务机构加强公共数据在政务服务、公共服务过程中的创新应用，精简办事材料、环节，优化办事流程。对于可以通过数据比对作出审批决定的事项，应当开展基于数据的无人干预智能审批，推动政务服务智能高效。

第五十条 市人民政府应当依托城市智能中枢平台，加强监管数据和信用数据归集、共享，充分利用公共数据和各领域监管系统，建立全市统一的监管平台，探索非现场监管、信用监管、风险预警等新型监管模式，提升监管智能化水平。

第五十一条 市政务服务数据管理部门可以组织建设数据融合应用服务平台，向社会提供安全可信的数据综合开发利用环境，推动公共管理和服务机构、企业及其他各类社会组织和个人，共同开展智慧城市应用创新。

第四章 数据市场

第一节 一般规定

第五十二条 市人民政府应当科学统筹规划，加快培育数据市场，推动构建数据资源收集、加工、开放、共享、交易、应用等数据市场体系，促进数据资源有序、高效流动与利用。

第五十三条 市场主体开展数据处理活动，应当建立健全数据治理组织架构和自我评估机制，组织开展数据治理活动，加强数据质量管理，确保数据的真实性、准确性、完整性、时效性，促进数据价值实现。

第五十四条　市场主体对合法处理数据形成的数据产品和服务，可以依法自主使用，通过向他人提供获得收益，依法进行处分。

第五十五条　市场主体通过开放、共享、交易等方式流通数据、数据产品或者服务的，应当明确各方当事人的权利和义务；超出权利人授权范围的，应当重新取得相应权利人授权。

第二节　数据交易

第五十六条　市场主体合法处理数据形成的数据产品和服务，可以依法交易，但是具有下列情形之一的除外：

（一）交易的数据产品和服务包含个人数据而未经相关权利人同意的；

（二）交易危害国家安全、公共利益的；

（三）法律、法规规定禁止交易的其他情形。

第五十七条　引导市场主体通过依法设立的数据交易平台进行数据交易。

第五十八条　数据交易平台应当建立安全可信、管理可控、可追溯的数据交易环境，制定数据交易、信息披露、自律监管等规则，并采取有效措施保护个人数据、商业秘密和国家规定的重要数据。

第五十九条　支持数据价值评估、数据交易技术研发和数据交易模式创新，拓宽数据交易渠道，促进数据资源高效流通。

第三节　公平竞争

第六十条　市场主体应当遵守公平竞争原则，不得实施下列侵害其他市场主体或者消费者合法权益的行为：

（一）使用非法手段破坏其他市场主体所采取的保护数据的技术措施；

（二）违反行业惯例收集或者利用其他市场主体数据；

（三）利用非法收集的他人数据提供替代性产品或者服务；

（四）未经其他市场主体或者消费者同意，将其他市场主体的数据直接进行商业利用；

（五）法律、法规规定禁止侵害其他市场主体或者消费者合法权益的其他行为。

第六十一条　市场主体不得利用数据分析，对交易条件相同的交易相对人实施差别待遇，但是有下列情形之一的除外：

（一）根据交易相对人的实际需求，且符合正当的交易习惯和行业惯例，实行不同交易条件；

（二）针对新用户在合理期限内开展优惠活动；

（三）基于公平、合理、无歧视的规则实施随机性交易；

（四）法律、法规规定的其他情形。

前款所称交易条件相同，是指交易相对人之间在交易安全、交易成本、信用状况、所处交易环节、交易持续时间等方面不存在实质性影响交易的差别。

第六十二条　市场主体不得达成垄断协议，不得滥用在数据市场的支配地位、不得实施经营者集中，不得排除、限制数据市场竞争。

第五章　数据安全管理

第一节　一般规定

第六十三条　数据安全管理遵循政府主导、责任主体负责、积极防御、综合防范的原则，坚持安全和发展并重，鼓励研发数据安全技术，保障数据全生命周期安全。

市人民政府应当统筹全市数据安全管理工作，建立和完善数据安全协调治理体系。市网信部门具体负责本市数据安全管理工作的统筹、协调。

第六十四条　数据处理者应当落实数据安全管理责任，按照数据的级别实施必要的安全管理策略和保障措施，不断提升技术手段，防止数据泄露、毁损、丢失、篡改和非法使用，确保数据安全。

数据处理者因合并、分立、收购等方式变更的，由新的数据处理者继续落实数据安全管理责任。

第六十五条　处理敏感个人数据或者国家规定的重要数据，应当按照规定设立数据安全管理机构或者明确数据安全管理责任人，并实施特别技术保护。

第二节　数据安全保护

第六十六条　数据处理者应当记录其收集数据的合法来源，保障数据来源清晰、可追溯。

第六十七条　数据处理者应当依照相关法律、法规规定以及国家标准的要求，对所收集的个人数据进行去标识化或者匿名化处理，并与可恢复识别的个人数据分开存储。

数据处理者应当针对敏感个人数据、国家规定的重要数据制定去标识化或者匿名化处理安全措施，并对数据去标识化或者匿名化处理过程进行记录。

第六十八条　数据处理者应当对数据存储进行分域分级管理，选择安全性能、防护级别与其安全等级相匹配的存储载体，对敏感个人数据和国家规定的重要数据还应当进行加密存储、授权访问或者采取其他更加严格的安全保护措施。

第六十九条　数据处理者应当对数据处理过程实施数据安全技术防护，并建立重要系统和核心数据的容灾备份制度。

第七十条　数据处理者开放、共享数据的，应当建立数据开放、共享安全管理制度，建立和完善对外数据接口的安全管理机制。

第七十一条　数据处理者应当建立数据销毁规程，对需要销毁的数据实施有效销毁，并对数据销毁过程的相关操作予以记录。

数据处理者终止或者解散，没有数据承接方的，应当及时有效销毁其控制的数据；法律、法规另有规定的除外。

第七十二条　数据处理者委托他人代为处理数据的，应当与其订立数据安全保密合同，明确双方安全保护责任和义务。

受托方完成处理任务后，应当及时有效销毁其存储的数据，但是法律、法规另有规定或者双方另有约定的除外。

第七十三条　数据处理者向境外提供个人数据或者国家规定的重要数据的，应当按照有关规定申请数据出境安全评估。但是，经自然人明示同意，仅为自然人或者其家庭生活目的向境外提供其个人数据的除外。

第七十四条　数据处理者应当落实与数据级别相适应的监测预警措施，对数据泄露、毁损、丢失、篡改等异常情况进行监测和预警。

监测到可能发生数据泄露、毁损、丢失、篡改等数据安全事件的，数据处理者应当立即采取预防补救措施。

第七十五条　数据处理者应当建立应急处置机制，制定数据安全应急预案。数据安全应急预案应当按照数据安全事件的危害程度、影响范围等因素对数据安全事件进行分级，并规定相应的应急处置措施。

第七十六条　发生数据泄露、毁损、丢失、篡改等数据安全事件的，数据处理者应当立即启动应急预案，采取相应的应急处置措施，及时告知相关权利人，并按照有关规定向市网信部门和有关行业主管部门报告。

第三节　数据安全监督

第七十七条　市网信部门应当依照有关法律、行政法规以及本条例规定负责统筹协调数据安全和相关监管工作，会同有关部门建立健全数据安全监督机制，组织对数据安全进行监督检查。

第七十八条　市公安机关应当加强数据安全风险分析、预测、评估，收集相关信息；发现可能导致较大范围数据泄露、毁损、丢失、篡改等数据安全事件的，应当及时发布预警信息，提出防范应对措施，指导、监督相应主体做好数据安全防范工作。

第七十九条　市网信部门以及其他履行数据安全监督职责的部门可

以委托第三方机构，按照法律、法规规定和相关标准要求，对数据处理者开展数据安全管理认证以及数据安全评估工作，并对其进行安全等级评定。

第八十条　市网信部门以及其他履行数据安全监督职责的部门在履行职责中，发现数据处理者未按照规定落实安全管理责任的，应当按照规定约谈数据处理者，督促其整改。

第八十一条　市网信部门以及其他依法履行数据安全监督职责的部门及其工作人员，应当对在履行职责过程中知悉的个人数据、商业秘密和技术秘密严格保密，不得泄露、出售或者非法向他人提供。

第六章　法律责任

第八十二条　违规处理个人数据，有下列情形之一的，由市网信部门责令立即改正，没收违法所得，并按照每处理一个自然人的个人数据处以二百元以上一千元以下的罚款：

（一）违反本条例第十二条、第十三条、第十四条、第十六条规定，未经自然人或者其监护人同意处理其个人数据的；

（二）违反本条例第十五条规定，处理自然人生物识别数据的；

（三）违反本条例第十八条规定，自然人撤回同意后继续处理其个人数据的；

（四）违反本条例第二十条、第二十一条规定，未履行告知义务的；

（五）违反本条例第二十二条规定，向他人提供处理的个人数据的；

（六）违反本条例第二十三条、第二十四条规定，对自然人进行用户画像的；

（七）违反本条例第二十七条规定，未及时核实并补充、更正个人数据的；

（八）违反本条例第二十八条、第二十九条规定，未删除个人数据的；

（九）违反本条例第三十条第二款规定，未依法及时处置相关行使权利申请或者相关投诉举报的；

（十）违反本条例第五章规定，未对个人数据采取必要安全保护措施的。

前款规定的违法行为，有下列情形之一的，依照前款规定的罚款额度从重处罚，并可以给予暂扣许可证件、降低资质等级、吊销许可证件、限制开展生产经营活动、责令停产停业、责令关闭、限制从业等处罚；构成犯罪的，依法追究刑事责任：

（一）违法行为造成数据泄露、损毁、丢失、篡改等数据安全事件的；

（二）违法行为涉及敏感个人数据的；

（三）违法行为人为提供基础性互联网平台服务的数据处理者的；

（四）违法行为涉及未成年个人数据的；

（五）法律、法规规定的其他情形。

第八十三条　违规处理个人数据，有下列情形之一的，由市网信部门责令立即改正，给予警告；拒不改正的，处五万元以上二十万元以下罚款；情节严重的，处二十万元以上一百万元以下罚款：

（一）违反本条例第十九条规定，对自然人撤回同意进行不合理限制或者附加不合理条件的；

（二）违反本条例第二十六条规定，未及时提供个人数据的查阅方式，或者未按照规定及时、免费提供个人数据的备份的；

（三）违反本条例第三十条第一款规定，未建立自然人行使权利申请和投诉举报的受理处理机制的；

（四）违反本条例第三十条第一款规定，未采用足以引起注意的特别标识或者其他易获取的方式提供有效的行使权利和投诉举报途径的。

第八十四条　公共管理和服务机构有下列情形之一的，由上级主管部门或者有关主管部门责令改正；拒不改正或者造成严重后果的，依法追究法律责任：

（一）未按照规定处理公共数据的；

（二）提供的公共数据不真实、不准确、不完整、不可用的；

（三）向自然人、法人或者非法人组织重复收集可以通过数据共享获取的公共数据的；

（四）未按照规定编制、更新、报送公共数据资源目录的；

（五）未依法履行公共数据安全管理职责的的；

（六）法律、法规规定的其他情形。

第八十五条　违反本条例第五十六条规定交易数据的，由市市场监督管理部门责令立即改正，没收违法所得，交易金额不足一万元的，处五万元以上二十万元以下罚款；交易金额一万元以上的，处二十万元以上一百万元以下罚款；并可以给予暂扣许可证件、降低资质等级、吊销许可证件，限制开展生产经营活动、责令停产停业、责令关闭、限制从业等处罚。

第八十六条　违反本条例第六十条、第六十一条规定，侵害其他市场主体或者消费者合法权益，或者对交易条件相同的交易相对人实施差别待遇的，由市市场监督管理部门责令立即改正，没收违法所得，违法所得不足一万元的，并处五万元以上二十万元以下罚款；违法所得一万元以上的，并处二十万元以上一百万元以下罚款；情节严重或者造成严重后果的，由市市场监督管理部门责令立即改正，没收违法所得，处五千万元以下或者上一年度营业额百分之五以下罚款，并可以给予暂扣许可证件、降低资质等级、吊销许可证件，限制开展生产经营活动、责令停产停业、责令关闭、限制从业等处罚。

市场主体有不正当竞争行为或者垄断行为的，依照反不正当竞争或者反垄断有关法律、法规的规定处罚。

第八十七条　数据处理者违反本条例第五章规定，未落实数据安全保护责任的，依照有关法律、法规处罚。

第八十八条 国家机关违反本条例规定，不履行或者不正确履行法定职责的，对直接负责的主管人员和其他直接责任人员依法给予处分；构成犯罪的，依法追究刑事责任。

第八十九条 未依照法律、行政法规以及本条例规定落实数据安全保护责任，或者非法处理数据，致使国家利益或者公共利益受到损害的，有关行业组织可以依法提起民事公益诉讼。有关行业组织提起相关民事公益诉讼，人民检察院认为有必要的，可以支持起诉。

前款规定的行业组织未提起民事公益诉讼的，人民检察院可以向人民法院提起民事公益诉讼。

人民检察院在履行职责中发现负有数据领域监督管理职责的行政机关违法行使职权或者不作为，致使国家利益或者公共利益受到损害的，应当向有关行政机关提出监察建议；行政机关不依法履行职责的，人民检察院可以依法向人民法院提起行政公益诉讼。

参考文献

[1] Weber, Rolf H.. Digital Trade in WTO-Law - Taking Stock and Looking Ahead[J]. SSRN Electronic Journal, 2010, (1): 1-24.

[2] United States International Trade Commission. Digital Trade in the U.S. and Global Economies: Part 1[EB/OL]. https://www. usitc.gov/publications/332/pu4415.pdf,2013-7.

[3] 夏友仁.中国数字贸易发展现状及策略选择[J].全球化,2019(11):84-95+135.

[4] 曹淼孙.我国数字贸易发展:现状、挑战与策略研究[J].西南金融,2020(01):46-53.

[5] 熊励,刘慧,刘华玲.数字与商务[M].上海:上海社会科学院出版社,2011:3-5.

[6] 李忠民,周维颖,田仲他.数字贸易:发展态势、影响及对策[J].国际经济评论,2014(06):131-144+8.

[7] 马述忠,房超,梁银锋.数字贸易及其时代价值与研究展望[J].国际贸易问题,2019(02):176.

[8] 丁邡,焦迪.数字贸易国际规则变化趋势及应对[J].中国经贸导刊(中),2020(02):26-27.

[9] 贾怀勤.数字贸易的概念、营商环境评估与规则[J].国际贸易,2019(09):90-96.

[10] 伊万·沙拉法诺夫,白树强.WTO 视角下数字商品贸易合作机制研究——基于数字贸易发展现状及壁垒研究[J].国际贸易问题,2018(02):149-163.

[11] US Bureau of Economic Analysis. Trends in digitally-enabled trade in services[R/OL]. https;//www.bea.gov/international/pdf/trends in digitally

enabled services. pdf.2018-03-15.

[12] 沈乐乐 . 论国际数字贸易规则领域的中国国际话语权提升 [D]. 浙江大学 ,2019.

[13] United States International Trade Commission. Digital trade in the U.S. and global economies, part 2[R/OL]. https://www.usitc. gov/publications/332/pub4415.pdf.2014-08-11.

[14] The Office of the U.S. Trade Representative. Key barriers to digital trade[Z/OL].https://ustr.gov/about-us/policy-offices/press-office/fact-sheets/2017/march/key-barriers-digital-trade.2017-03-31.

[15] United States International Trade Commission(USITC). Global Digital Trade 1: Market Opportunities and Key Foreign Trade RestrictionsEBRestrictionsEB/OL],https://www.usitc.gov/publications/332/pub4716_0.pdfpdf, 2017:8.

[16] The Office of the U.S. Trade Representative. Key barriers to digital trade[Z/OL]. https://ustr.gov/about-us/policy-offices/press-office/fact-sheets/2017/march/key-barriers-digital-trade.2017-03-31.

[17] Lopez Gonzalez, J. and M. Jouanjean. Digital Trade: Developing a Framework for Analysis[J]，OECD Trade Policy Papers, 2017:205.

[18] 中国信息通信研究院 .《数字贸易发展与影响白皮书》[R]. 2019.

[19] 曹晶晶 . 数字贸易发展面临的问题及我国的应对之策 [J]. 对外经贸实务 ,2018(08):29-32.

[20] United States International Trade Commission. Digital Trade in the U. S. and Global Economies,Part1[R].2013.

[21] 周钰哲 . 全球5G 进展、趋势分析及启示 [J]. 中国无线电，2019(01):22-25.

[22] 招商银行 . 科技行业篇：5G,引领信息领域创新发展的核心引擎 [R]:2019.

[23] 建银国际证券 . 中国科技行业：5G 驱动产业发展 [R]. 2019.

[24] 东吴证券.创新与拼搏奠定中国设备商全球领先之路，无惧波折、"中华信"借力 5G 继续进阶 [R]. 2019.

[25] 杨竺松,耿瑞霞,胡鞍钢.5G 背景下的治理挑战与政策应对 [J]. 行政管理改革,2019(11):39-46.

[26] 招商银行.物联网行业研究报告：万物互联，万象更新 [R]. 2019.

[27] 天风证券.2017物联网发展研究报告 [R]. 2017.

[28] 艾瑞咨询.物联网接入技术：NB-IOT 与 LoRa 之争 [R]. 2018.

[29] 国家物联网基础标准工作组.物联网标准化白皮书 [R]. 2018.

[30] 帅建平.浅析物联网对数字经济发展的促进作用 [J]. 全国流通经济,2020(05):135-136.

[31] 万联证券.云计算行业报告：云计算 5G 新基建，IDC 前景可期 [R].2020.

[32] 华创证券.全球信息技术演进推动下的数据基础设施 [R].2019.

[33] 中商产业研究院.新基建——2020年中国数据中心行业市场前景及投资研究报告 [R].2020.

[34] 占南.国内外个人信息保护政策体系研究 [J]. 图书情报知识,2019(5).

[35] 珍妮弗.斯道达特.加拿大《个人信息保护和电子文件法》对个人隐私的保护 [EB/OL].http://www.cmcma.org.cn/html/201010-15/20101015085106.htm.2010-10-20.

[36] 我是二姐夫.欧盟是如通过立法来保护个人数据隐私的 [EB/OL]. https://www.tmtpost.com/1497640.html.2016-01-13.

[37] ELECTRONIC PRIVACY INFORMATION CENTER.EU Privacy and Electronic Communications (e-Privacy Directive)[EB/OL]. https://epic.org/international/eu_privacy_and_electronic_comm.html.

[38] Official Journal of the European Communities.Charter of Fundamental Rights of the European Union[EB/OL]. https://wipolex.wipo.int/zh/text/180670.2000-12-18.

[39] European Commission.Information providers guide-cookies[EB/OL]. http://ec.europa.eu/ipg/basics/legal/cookies/index_en.htm.

[40] 宋建宝. 欧盟人工智能伦理准则概要 [EB/OL]. https://www.chinacourt.org/article/detail/2019/04/id/3847044.shtml.2019-4-19.

[41] E 安全. 澳大利亚着手出台《数据泄露通报制度》[EB/OL]. https://www.easyaq.com/news/1403407781.shtml.2017-3-10.

[42] 国务院. 国务院关于积极推进"互联网 +"行动的指导意见 [EB/OL]. http://www.gov.cn/zhengce/content/2015-07/04/content_10002.htm.2015-7-1.

[43] 国务院. 国务院关于印发促进大数据发展行动纲要的通知 [EB/OL]. http://www.gov.cn/zhengce/content/2015-09/05/content_10137.htm.2015-8-31.

[44] 国家互联网信息办公室.《国家网络空间安全战略》[EB/OL]. http://www.cac.gov.cn/2016-12/27/c_1120195926.htm.2016-12-27.

[45] 国务院. 国务院关于印发新一代人工智能发展规划的通知 [EB/OL]. http://www.gov.cn/zhengce/content/2017-07/20/content_5211996.htm.2017-7-8.

[46] 新华社. 国务院办公厅印发《关于促进"互联网 + 医疗健康"发展的意见》[EB/OL]. http://www.gov.cn/xinwen/2018-04/28/content_5286707.htm.2018-4-28.

[47]《中华人民共和国刑法修正案（九）》[EB/OL]. http://www.law-lib.com/law/law_view.asp?id=507352.2015-8-29.

[48]《中华人民共和国网络安全法》[EB/OL]. http://www.cac.gov.cn/2016-11/07/c_1119867116.htm.2016-11-7.

[49]《中华人民共和国民法总则》[EB/OL]. http://m.law-lib.com/law/law_view.asp?id=557671.2017-3-15.

[50]《中华人民共和国电子商务法》[EB/OL]. http://www.mofcom.gov.cn/

article/zt_dzswf/.2018-8-31.

[51] 人民银行.人民银行关于银行业金融机构做好个人金融信息保护工作的通知 [EB/OL]. http://www.gov.cn/gongbao/content/2011/content_1918924.htm.2011-1-21.

[52] OECD.OECD Guidelines on the Protection of Privacy and Transborder Flows of Personal Data[EB/OL]. http://www.oecd.org/sti/ieconomy/oecdguidelinesontheprotectionofprivacyandtransborderflowsofpersonaldata.htm.2013.

[53] Official Journal of the European Communities. Directive 95/46/EC[EB/OL]. https://wipolex.wipo.int/en/text/313007.1995-10-24.

[54] 国家互联网信息办公室.《儿童个人信息网络保护规定》[EB/OL]. http://www.cac.gov.cn/2019-08/23/c_1124913903.htm.2019-8-22.

[55] 柯静.WTO 电子商务谈判与全球数字贸易规则走向 [J].国际展望,2020,12(03):43-62+154-155.

[56] 张夏恒.共生抑或迭代：再议跨境电子商务与全球数字贸易 [J/OL].当代经济管理:1-15.http://kns.cnki.net/kcms/detail/13.1356.F.20200609.1826.004.html.2020-06-14.

[57] 孙杰.从数字经济到数字贸易:内涵、特征、规则与影响 [J].国际经贸探索,2020,36(05):87-98.

[58] 李赞,刘学谦.全球数字贸易市场的特征与演进分析 [J].发展研究,2020(03):15-22.

[59] [英]亚当.斯密.国富论.上 [M].G.杨敬年,译.西安:陕西人民出版社,2001.